AF475015

SOUVENIRS
DE L'ALGÉRIE ET DU MAROC.

Du même Auteur :

—

PARIS historique, (publié en société avec M. Ch. Nodier, de l'Académie Française). 3 vol. grand in-8, avec 200 vues sur papier de Chine.

HISTOIRE du Clergé de France. 2 vol. in-8.

ÉTUDES sur les Révolutions de Paris. 1 vol. in-8.

POÈMES d'Ossian, traduits du Gaëlique. 1 vol.

POLITIQUE de Machiavel, précédée d'un Essai sur l'Esprit révolutionnaire. 1 vol.

CONTES de Hoffmann, traduction nouvelle, illustrée par GAVARNI. 1 vol. in-8.

LES DIX Journées galantes de Jean Boccace, trad. nouvelle. 1 vol.

CHRONIQUES arabes du pays de Grenade. 1 vol.

Sous presse :

LES MERVEILLES du Monde fantastique. 1 vol grand in 8, illustré par les premiers artistes.

Sceaux. — Impr. de J. Dépée

SOUVENIRS

DU

MARÉCHAL BUGEAUD,

DE L'ALGÉRIE ET DU MAROC,

PAR

P. CHRISTIAN,

ANCIEN SECRÉTAIRE PARTICULIER DU MARÉCHAL.

TOME PREMIER.

PARIS

ALEXANDRE CADOT, ÉDITEUR,

32, RUE DE LA HARPE.

1845.

1844

I

A Madame la comtesse Marie de Kerallen.

La nuit s'étend, froide et sombre. Les nuages pèsent amoncelés sur les collines ; la lune d'automne cache dans la brume son pâle regard ; — pas une étoile ne brille au ciel.

J'écoute le bruit sourd et confus de la bise dans la forêt lointaine ; — le torrent solitaire murmure comme des sanglots au fond du vallon ; et près d'ici, l'orfraie glapissante crie au faîte de l'arbre qui se penche sur les tombes.

Le voyageur, triste et haletant, frissonne dans les ténèbres qui l'égarent ; — il avance, d'un pied las, au travers des épines et des buissons, et suit avec inquiétude le bruit d'eau qui pourrait le mener à un abîme ; — il craint les rochers et les marais ; — il redoute les fantômes de minuit..........

Et voilà que le vent mugit plus âpre et plus fort ; les vieux chênes plient sous la tempête ; les branches desséchées tombant, retentissent sur la terre, et la bise les chasse devant elle, parmi les bruyères flétries. — Ce n'est partout qu'horreur, obscurité..........

Maintenant, c'est le déluge : — l'esprit des montagnes hurle sous les feuillages ; les arbres s'entrechoquent comme des armures de fer ; les portes battent contre les cabanes ébranlées. On dirait que les âmes des morts montent sur l'ouragan ; — on croit entendre des voix grêles dans les intervalles que laissent les raffales du vent ; — ces voix viennent de l'autre monde. La nuit est grosse d'épouvante et de désastres.

Où êtes-vous, Madame, pendant ces crises de votre ciel de Bretagne? J'entrevois d'ici la masse paisible du château de Kerallen, qui semble dormir dans sa clairière déserte. La girouette du vieux belvéder, toûrnoyant sur ses gonds rouillés, répond seule à l'écho plaintif de vos bois séculaires. — Où donc êtes-vous, Madame?.... Ici, loin de vous, c'est la mort.

Mais déjà, comme si votre pensée, vénérée et chérie, imposait à la fureur des éléments, voilà que les ombres déchirées découvrent, çà et là, quelques rares étoiles, — diamants égarés parmi le deuil des cieux ; — les vents roulés dans les nuages s'abîment derrière les côteaux inondés ; — la lune argente le sommet des rochers ; — la forêt pleine de mystère, le lac silencieux et le torrent du vallon se balancent dans sa clarté..........

Le calme est revenu. Vous seule, hélas ! ne reviendrez pas si vite. Brillant oiseau de passage, dès que les feuilles jaunissent, vous prenez votre essor vers de plus doux climats. Dédaignant le monde de Paris qui pleure votre inconstance, il vous faut donc le ciel de Lélia ?

Mais un jour, comme jadis à Lélia, « les plus belles contrées qu'éclaire le soleil ne suffiront plus à votre admiration blasée ; — un pâle rayon entre deux nuages, une plainte mélodieuse du vent sur la grève, le bruissement des vagues, le cri mélancolique des mouettes, le chant lointain d'une jeune fille des Abbruzes, le parfum d'une fleur élevée à grand peine dans la fente d'un mur, » toutes ces choses que vous aimez, seront des trésors dont vous ne saurez plus le prix. Il vous faudra revenir, car c'est votre génie, « aux scènes immenses et grandioses de la mer agitée, promenant sa houle convulsive et ses longues lames d'écume, d'un horizon à l'autre. »

Comme Lélia, dont vous êtes une image adoucie, vous rapporterez votre cœur au sein de la nature sauvage qui répond si bien aux immenses désirs d'une âme qui a fatigué, sans l'atteindre, le spectre éternellement fugitif du bonheur.

Au fond des landes bretonnes aux genêts d'or, vous reviendrez aimer pour ne les plus quitter, cette falaise de Kerallen qu'on dirait tronquée, vers sa cîme, par l'éruption d'un volcan éteint dans les premiers âges du globe, ces promontoires blanchis par la mousse atlantique; ces galets qui craquent sous le pied comme des os de géant; ces gouffres que l'eau salée creuse de siècle en siècle; ces festons de lichens, suspendus comme des lianes fanées aux parois des écueils, et ces marées qui soupirent de loin, comme un chant de naufrage.

C'est aussi le dernier spectacle dont je ne me lasse pas, après avoir usé tant d'années à promener partout ma vie inquiète........ mais j'allais oublier que j'écris un livre, et que je dois faire grâce aux lecteurs de ma biographie.

Vous me demandiez, Madame, avec la grâce qui règne en tout ce que vous dites, si cette Afrique dont on parle tant, et que si peu de gens osent aller voir, est un pays qui s'humanise, un pays où l'on peut s'aventurer à quelques lieues des villes sans trop risquer de se voir brûler vif ou taillé en pièces. Vous désirez savoir quel charme offre au touriste cette plage encore ignorée du beau monde; quelles curiosités promettent ces vastes champs de bataille labourés depuis quinze ans par le sabre et l'obus; — quels mystères gardent, à l'horizon, ces monts de granit, qui ressemblent à une mer figée; quelle vie enfin l'on peut mener à Alger, pendant une saison?

Alger, Madame, Alger? mais c'est Marseille couronnée par Grenade; et dans dix ans, ce sera Naples française. L'Afrique? mais c'est l'Italie greffée sur l'Orient.

Pour vous en dire toutes les merveilles, il faudrait un poëme long comme un conte de fées; et si j'avais l'audace de l'essayer, vous n'auriez peut-être pas la résignation de l'ouïr. Que ne puis-je donc être, là-bas, votre cicérone! mais vous y trouverez bien mieux qu'un vieil et maussade écrivain, dont tout le mérite est dans l'admiration que vous lui inspirez.

Allez donc, noble héritière des Clisson, visiter sans moi la place où fut Carthage, et celle où mourut Saint-Louis; la pyramide d'El-Djezaïr, où les couleurs de France ont remplacé les drapeaux du Prophète. Allez sans crainte du levant au couchant et du nord au midi; la terre barbaresque est diaprée de fleurs pour embaumer chaque route où vous passerez ; — les lauriers roses au bord des fleuves solitaires s'inclineront pour vous saluer ; — les lions de l'Atlas, les panthères de la forêt, s'en retournent du côté de la mythologie ; et l'Arabe, cet éternel patriarche des vieux déserts, arrêtant son cheval aux pieds de gazelle, croira voir en vous une houri chrétienne, dont le regard annonce une aurore de paix.

Et puis, si vous doutiez encore de mes promesses de voyageur, arrêtez-vous à Alger, sur la Place-Royale ; l'hôtel de la Tour du Pin vous offrira son hospitalité princière ; et tout près, derrière la D'jénina, sombre manoir où trônaient sur des dépouilles de tigre les successeurs de Barberousse, vous trouverez un petit palais mauresque, vague réminiscence de l'Alhambra. Montez, un mercredi soir, ces larges degrés aux balustres qu'on dirait découpés par la main des Péris; entrez dans cette galerie de marbre, dont les colonnettes blanches, veinées d'or et d'azur, semblent fuir dans l'ombre et les parfums; n'est-ce pas qu'ici tout est simple et pur, et tranquille comme un cloître de vierges. — Voyez ces porcelaines émaillées d'arabesques, tapisseries toujours fraîches aux lambris des grandes salles, où la splendeur des lustres s'adoucit et se fond. Vous vous croyez, n'est-ce pas, au seuil des *Mille et une Nuits*, le frisson de la peur va vous faire tressaillir : vous songez au farouche Schariar, et aux récits de Schéhérazad? — Rassurez-vous, Madame, c'était ici le chaste palais de la nièce du Dey Hussein; mais ses destins ont bien changé. Autrefois, la beauté voilée y cachait ses ennuis; aujourd'hui, la grâce française y règne, la grâce unie à la gloire. Le harem a fait place à une noble famille; — vous êtes au foyer du maréchal Bugeaud.

Écoutez ce bruit d'éperons sur les dalles sonores; encore une fois, n'ayez pas peur : — voilà le colonel Eynard, le plus brave des aides-de-camp, le meilleur cœur du monde avec les dehors les plus austères; charmant quand il veut l'être; — galant quelquefois; — spirituel toujours: je vous confie à ses soins.

Entrez : les salons sont ouverts, la musique prélude, et la fête sera complète, car voilà devant vous l'homme par qui notre Afrique est devenue française. Parmi ces brillants uniformes qui se pressent autour de lui, voyez-le, simple et bon, cachant sa gloire plus on veut la montrer. Si son frac de guerre qui ne le quitte point sent la poudre, sous l'écorce du soldat perce le gentilhomme ; ses combats sont ses ayeux ; la victoire a signé sa noblesse; que ceux qui la pèseront jettent leurs travaux dans la balance.

N'attendez pas que je vous promène, causeur

indiscret, parmi ces quadrilles mouvants et ces valses rapides, le colonel Eynard en serait jaloux. Je ne vous dirai même point si la polka parisienne a déjà fait invasion dans la haute société d'Algérie, car j'étudie mes rhumatismes bien plus que la chorégraphie. Mais en revanche, vous nous direz au retour, pendant les soirs d'hiver, la poésie de deux femmes d'élite, sœurs par la grâce, rivales par la bonté, et avant que vous n'ayez nommé la Maréchale et la comtesse de Bar, quiconque revient d'Afrique les aura devinées ou reconnues.

Je n'en finirais point, Madame, s'il me fallait raconter ici tout ce qui m'arrive à la pensée; faisons mieux, car cette lettre est déjà longue, et Dieu sait si elle vous rejoindrait, dans vos courses capricieuses.

Mon libraire met sous presse deux volumes, derniers nés du hasard qui mène ma plume. Je n'en suis, à vrai dire, que l'éditeur; voilà pourquoi je m'avise de vous les envoyer. Puis qu'ils vous portent, avec les renseignements que vous me demandiez, mes vœux les plus chers et mon plus saint respect, accordez-moi, Madame, en tournant chaque page, l'obole du souvenir.

Ce livre, après tout, n'a point d'ambition. Je n'y songeais pas hier, et demain, peut-être, le verrai-je oublié, tant les hommes et les choses sont vite entraînés par le tourbillon des jours.

Mais, bon ou mauvais, si vous l'avez accueilli, il ne s'en ira plus à travers le monde comme un enfant délaissé; le public lui sera moins sévère, et la critique le laissera passer.

Bon voyage et adieu, Madame, je retourne à mes vieux bouquins, car cette nuit m'attriste, et l'aube est loin encore. Au coin de mon brâsier qui pétille, je vais rêver à mes amis.

L'ombre s'étend partout comme un linceul ; la terre est froide ; la lune s'est voilée ; le ciel morne n'a plus d'étoiles : — elles sont allées toutes où vous êtes.

P. CHRISTIAN.

La Roche-Maingan (Côtes-du-Nord).
Septembre 1844.

II

> I muse, as in a trance, the while
> Slowly, as from a cloud of gold
> Comes out thy deep ambrosia smile.
>
> A. TENNYSON.

Ce qu'il y a dans une chute de cheval.

Je flânais, il y a trois semaines, sous les grands arbres gris des Champs-Élysées, humant l'âcre poussière de Paris, et tourmentant du bout de ma canne quelques cailloux fort innocents de mon ennui.

La veille, un homme rare, un homme qui comprend royalement le noble métier de banquier de l'imagination et les chances commerciales de l'actualité, était venu me chercher dans ma chartreuse, et m'avait tenu à-peu-près ce langage :

— Aussi vrai qu'Allah est le vrai dieu et que Mahomet est son prophète, je donnerais tout à l'heure trois billets de mille francs pour avoir demain deux volumes, avec beaucoup de blancs, sur les mystères de l'Afrique et du Maroc, sur les almées et les sérails, sur les queues de pacha et les serpents du désert ; sur les cruautés inouïes d'Abd-el-Kader ; les femmes séduites et les têtes coupées par le bel Yousouf ; sur les arbres d'or des jardins de Fez, où nous irons au printemps prochain, et sur les mines encore plus précieuses des sultanes de ce pays-là.

— Eh bien, lui répondis-je un peu étourdi

de ce prologue, laissez là vos deux volumes; allez chercher vous-même, avec vos trois mille francs, ces richesses exotiques, et laissez-moi fumer mon chibouk. Voulez-vous me faire le plaisir de prendre délicatement, du bout des lèvres, un tuyau de ce narghilé venu d'Orient?

— Chibouk!... narghilé!... O homme incomparable! s'écria le Ladvocat du roman moderne, je vous tiens; vous êtes mon *affaire!* Vous savez donc l'arabe comme un marabout? Oui, vous l'êtes aux deux tiers, puisque je ne vois chez vous que des yathagans et des kandjiars, des gebiras et des plumes d'autruches, des peaux de léopard et des tapis de Tunis: puisque vous fumez du tabac de contrebande, et que vous roulez vos membres de pèlerin dans un tissu de poil de chameau sans couture. A moi donc mes deux volumes, et à vous ces trois billets de mille francs!

— Ma foi, lui dis-je, vous me prenez à la

gorge, comme un vrai Kabyle à l'affût, faisant feu sur sa proie.

— Oui ; mais je porte avec moi l'onguent pour la brûlure. Je reviendrai dans quinze jours.

Et le satanique éditeur me magnétisa pour la seconde fois, en faisant des passes devant mes yeux avec ses petits chiffons blancs et noirs qui pouvaient payer quinze jours de plaisirs, ou six mois de paresse.

Quand je sortis de cette hallucination, j'étais seul.

Trois billets de mille francs !...

Je jetai mon chibouk éteint, et je pris mon chapeau ; — j'avais besoin d'air.

Voilà pourquoi, il y a trois semaines, je flânais sous les arbres gris des Champs-Élysées, la bourse un peu légère ; mais la tête lourde d'ennui.

Je suis démesurément paresseux.

J'éprouvais le supplice de Tantale...

Je me vouais au diable pour sortir d'embarras.

Demandez, ô éditeurs, à telle dame de lettres que je sais, un roman intime, névralgique première qualité, vous serez fourni à la minute. Cette dame a toujours chez elle (je voulais dire en magasin), un mari loup-garou, quinteux, entre deux âges, et assez intraitable sur certain chapitre; elle voit sans cesse, dans son miroir, une héroïne incomprise et sacrifiée à perpétuité; autour d'elle un amant discret (et pour cause), deux confidents bavards, trois amies pie-grièches, quatre ou cinq traîtres. Faites-lui faire du tout un plum-pudding littéraire selon la formule, saupoudré de crimes domestiques et baigné des larmes de l'auteur, et servez palpitant.

Le lendemain, le mari sera le même; la femme n'aura qu'un peu vieilli ; l'amant tourné à l'envers fera encore assez bonne figure : le reste à l'avenant. Hier, vous aviez succès d'antichambre, — aujourd'hui vous aurez un succès de portière. Voyez donc comme tout s'use, même les *Bas bleus*.

Implorez d'un grand faiseur, une œuvre historique, philosophique et morale, et surtout très morale. Pavez d'argent le chemin qui doit faire rouler jusqu'à vous sa montagne en travail. Vous ne lui ferez suer les *Mystères de Paris* que pour le réduire au métier du *Juif errant*. Mais vous aurez une vogue de grand monde et de bagne, de salons musqués et de maisons centrales ; les deux bouts de la société feront la chaîne ou la queue à votre porte. Un tel fait, même isolé, suffit à caractériser toute une époque.

Puis, venez acheter à un grave écrivain une

page de la vie réelle ; commandez-lui (c'est le mot par le temps de monnaie qui court) de recoudre en volumes des lambeaux d'actualité, vous ferez à coup sûr une piètre affaire, et lui aussi, — surtout s'il n'a point mis l'enjeu de sa réussite sur le scandale.

O candides lecteurs, me disais-je tout bas en cheminant à pas comptés, vous voulez de l'Afrique et de la couleur locale, parce que depuis quatre mois tout esprit tourne à l'arabomanie; toute grisette jure par ses babouches de maroquin, tout savant fouille le Maghreb au bénéfice de son pot-au-feu. De l'Afrique et de la couleur locale? Oui-dà, maîtres, vous aurez de tout cela, et copieusement, je vous le jure, pourvu que le hasard nous vienne en aide, — le hasard, cette providence des auteurs, comme l'occasion est le dieu des libraires.

J'y songeais donc en flânant toujours sous

les quinconces éternellement monotones des Champs-Élysées.

— Anne, ma sœur Anne, criais-je à ma pauvre cervelle, ne vois-tu rien venir?

— Hélas! je ne vois sur les sentiers poudreux que des marquises de Pretintailles, affublées de ridicules, et des Célimènes fardées, dont le soleil fond les teints de céruse. Je ne vois que des carrosses blasonnés qui traînent des noblesses de Bourse avec des reines de théâtre, et des haridelles étiques se cabrant d'inanition, sous des commis marchands déguisés en fils de famille.

— Anne, ma sœur Anne, ne vois-tu rien venir?

— J'entrevois, en arrière, des marquis de Carabas, illustrés par la banqueroute; et en avant, des nababs, enrichis par le madapolam et les denrées coloniales.

— Anne, ma sœur Anne, ne flaires-tu rien d'arabe?

— Je ne sens que trois vendeurs de pastilles du sérail, musulmans de la Courtille en oripeaux de carnaval; plus loin, voici venir M. de Moyencourt, cet illustre philantrope qui pétrit le kouskoussou universitaire pour une demi-douzaine de jeunes bédouins, qui ne cessent de préférer à sa cuisine les figues de Barbarie. Plus loin... plus loin, vive Dieu! c'est le diable en personne, si ce n'est Abd-el-Kader, ou bien quelque fuyard, accourant tout essoufflé des ruines de Mogador ou de la déroute de l'Isly!

Et, presque couchée sur la riche encolure d'un coursier numide à tous crins, noir de robe et blanc d'écume, arrivait, au triple galop, dans un brouillard de sable ardent, une figure qu'on eût dit à califourchon sur la foudre.

Un burnous de neige tout bordé en soutache d'argent, faisait derrière cette figure l'effet d'une voile au vent; ses longues houppes soyeuses ondulaient par la rapidité de la course comme une cravate d'étendard. Sous ce voile de spectre dont le capuce rabattu ne laissait rien deviner du visage qu'il abritait, une tunique bleue, serrée sur les hanches par une écharpe vert et or, dessinait une taille nerveuse et hardie; des plis de l'écharpe sortaient deux chaînes d'acier bruni auxquelles se suspendait un large damas courbé en croissant, dans son fourreau de velours écarlate d'où ruisselaient des feux de rubis.

Et le fougueux numide, caparaçonné comme un pacha d'Orient, fendait l'air et les clameurs des badauds ébahis, emportant son fier cavalier vers l'Arc de triomphe qu'il menaçait de franchir comme une barrière de cirque.

Hourrah!... les maures vont vite!...

Mais rien n'est près de la chute comme la gloire.

Au rond point, où se dresse cette fontaine de mauvais goût que vous savez, le quadrupède infernal s'effraye tout-à-coup d'un tambour de charlatan qui bat sur la chaussée, fait un écart de dix pieds, lance sa charge dans le bassin de marbre dont l'eau déferle comme une vague, fait le tour du rond-point, et redescend l'avenue par bonds si audacieux que nul Franconi n'eût osé s'élancer à sa bride.

Dix minutes plus tard, le numide rentrait fumant dans l'écume du manège d'Aure.

Trois bonnes d'enfants contusionnées, un municipal aplati, et deux boutiques de fruitières nomades roulant dans le ruisseau avaient signalé sa course au clocher.

Mais la foule n'était point là, et j'étais avec elle.

L'amphibie au burnous, échappé de son bain, secouait comme un caniche sa barbe de Neptune; quand il fut debout, nous nous vîmes face à face.

La foule grossissait comme aux jours d'émeute.

Par bonheur vint à passer un cabriolet de régie.

— Fouette cocher, triple pour-boire! sauve-nous de ces prolétaires endimanchés.

— Oui, mon sultan!

Et nous voilà chez moi.

Permettez, mes belles lectrices, que je vous présente maintenant mon illustre ami Paul Fabert, qui du costume oriental vient de retomber dans mon habit *à la française*, en passant par l'uniforme du Paradis terrestre. Paul Fabert, ne vous y trompez pas, a bien des fois charmé vos nobles loisirs par mille créations de sa plume infatigable. Les crayons de Gavarni et de Johannot lui prêteront encore, pour mieux vous plaire, leur plus élégantes fantaisies, et les plus lions d'entre les éditeurs vont se le disputer de nouveau comme une poule aux œufs d'or.

Paul Fabert est un nom que je lui prête, pour ne pas me brouiller avec lui, après avoir eu l'indiscrétion maligne de vous raconter sa piteuse aventure. Après tout, *honni soit qui mal y pense :* — Les lieutenants-généraux de l'armée littéraire peuvent bien choir de cheval quand leurs maréchaux vont prudemment à pied, comme le grand Balzac. Il n'y a peut-être au monde que le colonel Tartas que le soleil n'ait jamais vu tomber ; mais trouvez-moi deux centaures comme le brave colonel Tartas ; deux batailles en Afrique, comme celle de l'Isly, et deux plumes à Paris, comme celle de Paul Fabert ; — j'irai chanter leur gloire aux quatre vents cardinaux.

Et vraiment j'ai le droit de chanter, car si je n'ai la plume de Paul Fabert, j'en vais détacher une fameuse de l'aile de mes soucis, et la faire courir jusqu'au bout de ce livre, rapide comme la meilleur pouliche que vous ayez vu gagner à Chantilly le prix royal.

A quelque chose malheur est bon. Voyez ce qu'il y a dans une chute de cheval : — Oreste et Pylade qui se retrouvent ; deux volumes qui s'envolent au gré d'un joyeux caprice, et trois billets de mille francs, escomptés par le hasard, au rond-point des Champs-Élysées.

Si les amis se séparent encore, le bon Dieu veillera sur eux.

Si les mille écus fondent trop vite au creuset du plaisir, l'enfant prodigue ajoutera aux *Mystères de Paris* un chapitre ignoré.

Si mon heureux livre endort vos doux yeux, je tomberai avec lui, Mesdames, — à vos pieds

SCENARIO

TIRÉ DES MÉMOIRES INÉDITS

DE PAUL FABERT.

> Ils ont dit que c'était moi qui étais Child-Harold...
> Peu m'importe?
>
> BYRON.

III

Souvent, las d'être esclave, et de boire la lie
De ce calice amer que l'on nomme la vie;
Las du mépris des sots, ...
J'ai regardé la tombe. . . . .

André CHÉNIER.

Comment deux hommes, qui ne cherchaient rien, découvrirent une idée lumineuse.

Par une tiède soirée du mois de mai 1845, deux jeunes gens, accroupis à la turque aux deux extrémités d'un large divan rouge, fumaient gravement du tabac de caporal dans des pipes ambrées de Constantine.

Le divan ne sortait pas, il est vrai, des ateliers de Meurice; mais c'était un chef-d'œuvre d'industrie intime. Il se composait de drap garance artistement cloué sur une carcasse de chêne, vénérable débris de quelque bahut séculaire. Le foin y tenait lieu d'élastique et de crin ; et les coussins, généreusement bourrés du même précieux fourrage, exhalaient une lointaine senteur de prairie qui disposait à rêver.

J'oubliais de vous dire que la scène *se passe* (style d'Ambigu), entre cour et jardin, rue Neuve Coquenard, l'une des dernières laides rues de ce Paris enchanté qui commence à Notre-Dame-de-Lorette, et finira je ne sais où.

Nous sommes dans un atelier poético-militaire. Tout autour des murailles, enduites de cette vénérable couleur de pain d'épice qui distingue la figure des grognards de l'Empire, se pavanent des sabres ébréchés en Égypte, des fusils rouillés par la neige de Russie; des pistolets conquis à la bataille de Toulouse; des hallebardes du temps de la Fronde; l'épée à deux mains qui coupa la tête de Jane Grey; l'arquebuse historique avec laquelle Charles IX tirait à la cible, la nuit de Saint-Barthélemy, sur les honnêtes protestants de sa bonne ville de Paris; — le parasol authentique de Robinson Crusoé, le casse-tête de son fidèle écuyer Vendredi, et un fourniment de garde national en mauvais état.

Vous y voyez, dans un coin sombre, dormant sous ses bandelettes, une momie volée par la science au tombeau des Pharaons; — dans un autre, un lion de l'Atlas embaumé par le procédé Gannal; dans le troisième, un Apollon du Belvédère moins beau que le maître de la maison, et dans le quatrième, derrière la porte, un squelette colossal dont le bras, mû par un ressort caché, présente aux visiteurs le crâne livide et encore menaçant d'un célèbre supplicié qui égorgeait, il y a vingt ans, des jeunes filles dans le parc de Versailles, pour leur dévorer le cœur tout saignant.

Au milieu de l'atelier, en face d'une fenêtre dont les vitreaux garnis de lames de plomb ne laissent pénétrer qu'un jour fauve à travers de longs rideaux qui, de temps immémorial, jouissent du privilége d'essayer les pinceaux et la palette de l'artiste, se dresse une immense cheminée dont l'âge date des Burgraves. Sous son vaste abri, des consoles de plâtre portent pêle-mêle des charges de Dantan, et des magots de la Chine, des statuettes adorables et des monstres hideux, des démons de pierre dérobés à la cathédrale de Cologne, et des figures de saints en prière qui feraient peur aux enfants. Tout cela entoure une pendule d'un merveilleux travail, dont les figures s'animant quand l'heure sonne, vous donnent l'agréable représentation des tortures inventées par l'inquisition, tandis que la Mort frappe de sa faux le timbre mélancolique d'où s'élève la voix du temps, avec un glas d'agonie.

Partout où sa main a pu planter un clou parmi tous ces détails du bric-à-brac le plus singulièrement varié, l'artiste s'est avisé d'accrocher une aquarelle de soldat, à pied, à cheval, ici battant la caisse, et là couchant en joue un ennemi invisible; en haut, vu de face et faisant faction; en bas, faisant la maraude pour la cuisine du bivouac; entre deux, faisant toute sorte de gentillesses à la reine Pomaré, au grand dépit du Père Pritchard. D'un côté se cambre un mousquetaire; tout près de lui un *zéphyr* égrillard revient de la bataille d'Isly, à cloche-pied, portant des Marocains embrochés comme fins ortolans tout le long de sa baïonnette. Plus loin, deci, de là, partout c'est un raoût fantastique de troupes de toutes armes, vivant sur le papier, la toile ou le carton, — qui la pipe à la bouche, qui la trompette à clefs, — les uns à dos de chameau, les autres à pied dans la plaine, faisant le carré devant les bédouins. C'est une razzia, c'est une déroute, c'est un capharnaüm qui sent la fumée du combat et celle de la taverne ; — il ne manque à tout cela que la parole.

Chaste Lorentz, âme candide et pure, pardonne-moi d'avoir trahi pour tout le monde les mystères de ta solitude; d'avoir écrit que toutes ces merveilles de ton originale fantaisie sont visibles rue Neuve-Coquenard, numéro 5, depuis le lever jusqu'au coucher du soleil. Ajoutons-y cette toile vivante que je vois frémir au-dessus du fameux divan rouge ; — c'est une revue au Carrousel ; la poussière des escadrons voltige, les grenadiers ont peine à contenir la foule, et Napoléon semble être sorti de son caveau des Invalides pour venir, sur son cheval blanc, faire crier un dernier — « vive l'Empereur ! » à ces beaux régiments de sa Garde, dont les plus menus détails, si finement travaillés, ont mis à la retraite les troupiers de Charlet, et rendraient Vernet jaloux.

Lorentz, écoutez bien, mes belles lectrices, Lorentz est grand comme un palmier, fort comme un chien de Terre-Neuve, et doux comme l'agneau qui porte les péchés du monde. Sa tête est dans son cœur; s'il avait, comme tant d'autres le cœur dans la tête, il serait riche comme feu Aguado ou Véron. Mais il fait de l'art au lieu de faire du métier; son génie est au port d'armes; il faudrait un autre génie pour tirer parti de tout ce qu'il y a dans cette puissante organisation.

En attendant l'arrivée de ce génie, Lorentz fume du tabac de caporal avec son ami Paul Fabert. Ils pourraient aussi bien gaspiller du Latakié, du pur Havane ou des Panatellas, mais ce serait moins artiste. Ils laissent cette misérable prétention aux clercs d'agents-de-change et aux courtiers marrons, voire même à l'intéressante catégorie des tailleurs.

Paul Fabert est d'une autre nature que son ami Lorentz. Il n'a que trente ans, et déjà le front chauve comme un vieillard ; sa prunelle bleue ressemble à l'azur du ciel reflété dans un clair ruisseau. Une barbe d'un blond risqué chatoie en reflets ardents sur son paletot de velours noir. Coiffez cette tête d'un feutre à la Rembrandt, placez-la dans la pénombre d'un soir d'automne, et vous aurez au choix un type de saint Bruno, ou un profil de Condottieri : en tout cas rien de commun. J'ai ouï dire de lui que c'était Gil-Blas, moins la livrée. Jamais il ne parle de ce qui le touche, soit discrétion, soit dédain, soit insouciance. Mais on sait qu'il a été tour à tour l'enfant de la terre le plus malheureux, le séminariste le plus mystique, le soldat le plus aventureux, le commis-voyageur le plus raffiné, le bandit le plus entreprenant, et enfin l'homme de lettres le plus rêveur, le plus indépendant, le plus flâneur par instinct, le plus actif par nécessité, le plus recherché enfin du beau monde et des femmes quoique le plus sauvage qui se puisse imaginer. C'est concevable; les extrêmes se touchent; toute la vie n'est qu'une chaîne de contrastes.

Paul Fabert a eu pour berceau la haine de sa mère; la pauvreté l'a nourri de privations, sans parvenir à retarder son intelligence. Quand il fut d'âge à s'attacher à quelque chose, il se prit à aimer Dieu sans rancune, Dieu qui l'avait jeté sur la terre sans famille, à la merci d'un avenir inconnu. Mais le sanctuaire n'est pas un asile pour les natures ardentes. Paul Fabert quitta, dès qu'il sentit sa jeunesse plus forte, l'encensoir pour le mousquet; il devint officier de fortune, à l'âge où il eût pu dire sa première messe. Plus tard, son âme inquiète, et sans cesse avide de nouvelles impressions troqua l'épée pour la plume. Paul Fabert engagé dans cette voie fut journaliste, romancier, vaudevilliste, traversa toutes les alternatives du luxe onéreux et de la misère dorée. La guerre bouleversait l'Espagne en 1835, et la grande figure de Zumalacarréguy attirait tous les regards; Paul Fabert dit adieu à sa vie d'artiste et d'homme de lettres, de grand seigneur de la veille et de bohémien du lendemain. La littérature se demanda pendant huit jours ce qu'il était devenu et personne n'y repensa. Paul Fabert était devenu capitaine de guerilleros, et les roches de l'Aragon, de la Navarre et de la Biscaye ont gardé le souvenir de ses combats heureux et de ses témérités. Mais Zumalacarréguy tomba devant Bilbao, et avec lui la cause chevaleresque d'un Bourbon qui n'était pas à la hauteur de ses destinées. Paul Fabert revint à Paris; il reprit cette vie de galère qu'on appelle vie artiste, et qui franchit si périlleusement un abîme sur lequel un petit nombre d'aventuriers ont su jeter un pont d'or, pour arriver à une renommée qui descendra dans la tombe avant eux. Paul Fabert grandit rapidement sur l'arène où tant d'autres sont vaincus presque avant de combattre. Les gloires que donne la plume rejaillirent en pluie d'or autour de lui. Mais l'or fondait comme neige au soleil de sa tête brûlante, et la pauvreté boîteuse rejoignait toujours sa course imprévoyante. Il finit par tomber en langueur, parce qu'il s'était enivré de tout, blasé sur tout, et que l'avenir à ses yeux n'avait plus ni rayons ni espérances : toujours un livre après un autre, un dégoût après un succès, — et la faim en perspective, au bout d'une magnificence passagère.

L'épée de Damoclès est partout, dans la vie que se font les hommes de ce siècle. Paul Fabert n'avait pas plus la crainte de l'avenir que le regret du passé ; mais il s'ennuyait du présent, et ne savait pas vivre pour le lendemain. Il finit par dédaigner le prix du temps. Il lui fallait une violente secousse pour le guérir de cette paralysie de la volonté qui mène par une pente raide à l'étiolement physique. Ses amis le plaignaient parce qu'il était bon, cordial et franc, mais ils ne pouvaient rien pour lui que de lui dire, comme le proverbe : — Aide-toi, le ciel t'aidera.

Paul Fabert se momifiait dans sa lugubre impassibilité. Il en était arrivé à marcher sans voir, à entendre sans écouter, à végéter sans le savoir ; il devenait mollusque ; il courait à la pétrification.

C'est dans cette situation qu'il était accroupi au commencement de ce chapitre, au bout du divan rouge de son ami Lorentz.

Tout-à-coup, l'ami Lorentz qui depuis une

heure le regardait en pitié, sans mot dire, jeta sa pipe contre les murs, avec un jurement des plus énergiques.

— C'est honteux ! s'écria-t-il. Je ne te reconnais plus ! Je ne veux plus te voir, ni entendre parler de toi, tu m'abrutis !...

— Je m'ennuie, répondit Paul Fabert, en aspirant un long jet de fumée qu'il chassa d'un souffle indolent, par petites bouffées qui tournoyaient, en spirales blanchâtres, vers les corniches de l'atelier que la chute du jour chargeait d'ombres.

— Va-t-en ! dit l'artiste.

— Où donc fumerai-je plus tranquillement ? demanda Paul Fabert qui prit, sur le divan, une posture de la plus endormante quiétude.

— En Afrique !

— On dort aussi bien à Paris.

— Tu y deviens bête à manger du foin.

— As-tu peur que je dévore celui de ton divan?

— Tais-toi, tu n'as plus de cœur.

Paul Fabert se souleva et regarda Lorentz.

L'artiste lui tournait le dos avec dédain.

— J'irai en Afrique, et je m'y ferai tuer, dit Paul Fabert; — Je n'ai ni le courage de vivre comme tout le monde ici, ni celui de mourir. J'irai me faire tuer là-bas *glorieusement.*

— Encore une sottise vaniteuse, reprit Lorentz; on ne tue pas comme un passereau un gaillard qui a, comme toi, bec et ongles; en Afrique, tu feras d'une main la guerre, parce que tu sais manier l'épée, et de l'autre tu écriras un beau livre dont nous avons tous besoin, et qu'à ton retour je veux illustrer. Ta réputation sera renouvelée et la mienne sera faite.

Si tu n'es plus rien pour toi, sois quelque chose pour tes amis. L'homme n'est pas au monde pour ramper comme une taupe, ni pour rester collé comme une chenille à l'arbre de la vie.

— La chenille peut devenir un brillant phalène, aux aîles diaprées de nacre et d'azur! s'écria Paul Fabert.

—A la bonne heure ! l'intelligence te revient avec la poésie. Toute ressource n'est pas éteinte. En Afrique! en Afrique ! le temps vole et ne revient jamais. Toi tu reviendras, et tu me diras mille fois merci d'une si fameuse idée.

— Mais comment faire? C'est si loin ! si coûteux, un pareil voyage! J'ai rompu mon dernier ducat et je ne suis guère en veine de gagner la valeur du plus humble bâton de pèlerin.

— Dieu soit béni ! car tu ne partirais pas.

Mais tu ne sais donc pas qu'il y a, en Afrique, un homme puissant comme un roi, qui fait rentrer sous terre les Arabes, et qui en fait sortir des villes. On dit que cet homme est un soldat brutal, une espèce de paysan du Danube. Quand ces natures-là montent si haut, c'est qu'il y a en elles une fière étincelle du feu sacré qui crée les génies. Dans cet homme-là, je parie, sans l'avoir jamais vu, qu'il existe une poésie gigantesque comme le colosse arabe qu'il achève de terrasser. Viens à lui franchement, par la ligne droite, et dis-lui : Vous faites de grandes choses, car vous avez planté plus d'arbres que vous n'avez abattu d'ennemis ; vous avez gagné contre la barbarie d'un sol vierge des combats plus mémorables et dont la gloire durera davantage que le souvenir de vos coups de canon ; et comme tout ce qui est fort de soi, vous êtes modeste à l'égal du soldat que son drapeau cache dans le rang. Il y a autour de vous la route Rovigo, la colonne Voirol, la rue Damrémont. C'étaient de braves généraux ; honneur leur soit rendu au nom de la patrie. Mais leurs noms n'apparaissent qu'au milieu de la fumée de la poudre. Vous n'avez permis de graver le vôtre qu'au frontispice d'un magasin de blé. Vous tenez d'une main l'épée, de l'autre vous poussez la charrue. Vous avez la simplicité de Cincinnatus après les victoires de Scipion. Je viens essayer d'être le Salluste de l'Afrique française.

— A merveille, interrompit Paul Fabert. Mais Scipion n'a que faire de ma curiosité voyageuse, et Cincinnatus pourrait bien m'envoyer......

— Et que t'importe après tout? le soleil luit pour tout le monde. Tiens, si comme toi je ne savais que faire pour tuer l'ennui, je prendrais un sac sur le dos, dans quinze jours je serais à Alger, et de là, j'irais vendant la goutte aux troupiers pour vivre, j'irais partout où ils passent; je dessinerais tout ce qu'ils voient, et je reviendrais dans un an, avec une mine d'or, et la tête pleine de choses neuves.

— C'est une idée comme une autre....

— Une idée lumineuse!

— J'y songerai.

— Tu partiras! ou bien tu n'as ni sang, ni âme!

— Vive Dieu! je te prouverai bien le contraire. Encore une pipe à la gloire de l'armée d'Afrique, des légions romaines ressuscitées...

— Et à la bonne étoile de Salluste continué!

L'obscurité était complète dans l'atelier. Lorentz cherchait à tâtons une allumette à la congrève pour allumer les pipes. L'explosion légère qui naquit du frottement fit jaillir une lumière brillante qui s'éteignit presque aussitôt ; mais il sembla que tout l'atelier sombre était imprégné d'une vapeur phosphorescente et bleuâtre, au milieu de laquelle tous les objets entrèrent dans une mobilité fantastique.

Les sabres ébréchés en Égypte feraillaient l'un contre l'autre, comme si des mains mystérieuses les eussent décrochés de la muraille. Les fusils, les pistolets, et l'arquebuse de Charles IX, se mirent à lancer des jets de flamme sans aucune détonation. Les hallebardes de la Fronde allaient et venaient comme des sentinelles muettes. Le fourniment de garde national sauta de lui-même sur le squelette qui grimaçait derrière la porte, et le parasol de Robinson Crusoé couvrit pudiquement l'Apollon du Belvédère.

L'horloge sonna minuit. — La momie exilée du tombeau des Pharaons se mit à bâiller douze fois avec solennité. Une tête de femme blonde, échevelée et sanglante, poussa douze gémissements sous la large épée du bourreau de Jane Grey...

Au douzième coup du timbre, la vapeur bleuâtre s'évanouit.

Les deux amis ronflaient comme des patriarches de la Bible, sur le divan rouge de la rue Coquenard.

IV

> J'ai vu sous tous les vents, comme une faible flamme
> Vaciller ma pensée.
>
> Hippolyte LUCAS.

De Paris à Toulon.

Quand Paul Fabert rentra chez lui le lendemain, sa tête brûlait, mais son cœur avait froid.

En réfléchissant à tout ce que présentait d'insolite et de scabreux la démarche qu'il allait faire, il se demanda s'il n'était pas fou d'abandonner une existence incolore, mais libre, pour aller plier sa tête sous les fourches Caudines d'une volonté inconnue qui pourrait lui faire payer cher la poésie d'un lointain voyage.

Puis, il eut honte de son hésitation, de ses inquiétudes qu'il traita fièrement de puériles, et prenant une plume, il écrivit avec une hardiesse qui sentait la fièvre :

« Monsieur le gouverneur,

« Je suis fatigué d'user ma plume au service d'un public exigeant qu'il faut perpétuellement amuser comme un enfant malade.

« Je n'ai plus d'imagination dans l'esprit, ni de poésie dans l'âme. Je me sens mort au milieu de cette vie de Paris qui n'est qu'une machine industrielle. J'ai besoin d'un ciel nouveau, de fatigue physique, et d'excitation morale.

« J'ai envie d'aller en Afrique. Il me reste tout juste assez de talent pour comprendre ce que j'y verrai, et pour le traduire en français passable. Je veux voir cette France que vous avez ajoutée à la nôtre. Peut-être y trouverai-je l'occasion de faire plus tard un dernier livre avant de briser ma plume. J'y viendrai comme un écolier, pour observer et pour apprendre. Avec un cheval et un sabre, je vous suivrai partout, dans le feu et l'eau, dans la plaine ou à l'assaut, partout où peut passer un soldat. On m'a dit que vous étiez dur au-delà même des limites supportables de la dureté. Je me suis cuirassé de patience, d'abnégation et de volonté inébranlable pour traverser les épreuves qui m'ouvriront peut-être une vie nouvelle.

« Voulez-vous me donner le droit de m'asseoir le plus près de vous possible, sous l'abri d'un drapeau? Peut-être serai-je digne d'y tomber.

« Paul Fabert. »

La lettre partit.

Paul Fabert avait coupé la retraite à sa résolution, son *vrai nom* signait sa missive, son honneur était engagé. L'homme de lettres, cette fois, s'alliait au soldat. De l'union de deux forces, l'épée et la plume, allait jaillir une bizarre complication de destinées, et qui sait où cela pouvait le conduire?

Ma foi, se dit-il, pourquoi attendrais-je une réponse du maréchal ? Il va me prendre pour un aventurier échappé de rhétorique. Allons plutôt lui montrer que chez moi, vouloir c'est pouvoir, et que délibérer c'est agir. S'il ne veut pas de moi pour soldat volontaire, j'apprendrai assez d'arabe pour me risquer, dans six mois, en pèlerin de la Mecque, à travers les tribus. On dit que les médecins, les sorciers et les fous sont vénérés parmi elles. Je serai tout ce qu'il faudra être pour aller le plus loin et revenir le plus tard possible. Occupons-nous de préparer nos munitions de campagne.

La fortune de Paul Fabert était dans chaque rue où se trouvait un libraire, ou un journal. Aussitôt que les Crésus de l'industrie politique et littéraire apprirent sa bizarre détermination, ce fut à qui parviendrait à en accaparer les produits futurs.

« Ce cher monsieur Fabert, qu'on croyait à tout jamais disparu de la scène, et qui va s'élancer sur les traces des Mungo-Park, des Caillié, des Combes et des Tamisier! — Pour Dieu, cher monsieur Fabert, ne vous laissez manger ni par les ichneumons du Nijer, si vous allez jusque-là, ni par les tortues monstres de la Mitidjah, ni par cette fameuse peuplade de singes civilisés qu'on dit habiter le Bou-Zegza. Cher monsieur Fabert, ne vous laissez occire ni par la fièvre, ni par l'éléphantiasis, ni par les exhalaisons paludiennes, ni par la dent cruelle des sangliers de la Rassautah, ni par les sabres-rasoirs des Flisset-el-Bahr, ces monstres à figure humaine qui s'appellent si terriblement du nom de *Fils de la Nuit.* Prenez bien soin de cette vie si *chère* qui nous appartient bien et dûment; car, que deviendraient nos avances, si vous serviez de ragoût aux antropophages de l'Atlas ou des Monts-Auress. — si vous étiez englouti dans les fondrières du Djerjerah, cette montagne d'une fabuleuse hauteur, et près de laquelle le Mont-Blanc ne serait qu'une pelotte de neige, indigne de toute considération ! »

Paul Fabert promit à ses amis et connaissances de revenir si Dieu le voulait ; il assura les libraires et les directeurs de journaux qu'il ne demandait pas mieux que de vivre le plus longtemps possible, si cela pouvait leur être agréable ; mais il essaya aussi de leur faire comprendre que si la fatalité s'avisait de lui donner pour tombe une mer de sable, et pour apothéose les orages brûlants du Sahara, ils trouveraient aisément un gratte-papier qui tirerait pour eux, à bon marché, un fameux parti de son passage de vie à trépas.

— Moi mort et bien mort, leur dit-il, tout ce qu'on racontera de moi aura une valeur inestimable. Vous en ferez faire huit volumes tout d'une haleine. Le feuilleton vivra sur ma dépouille pendant six mois, et vous me ferez, les uns et les autres, un convoi splendide sur la page des annonces.

Ces Messieurs admirèrent le sens industriel qui douait Paul Fabert. L'idée leur parut si excellente et si grosse d'argent, qu'ils faillirent le supplier de mourir de suite, pour juger de l'effet qu'un tel événement littéraire produirait dans la clientelle des cabinets de lecture, et dans la classe si éminemment respectable des abonnés.

Mais Paul Fabert préféra se mettre en route, muni d'un crédit illimité sur la maison des frères Blagmann et compagnie, riches Israélites d'Alger, qui font un superbe échange d'écus rogné contre double hypothèque, au taux colonial de 65 p. 100 d'intérêts. Les corsaires d'Alger ne font plus la traite en brigantins, ils ont troqué le caftan pour des redingottes à la Robert-Macaire; et c'est assis sur leurs coffres chevillés d'effronterie et cadenassés par l'avarice, qu'ils attendent tranquillement les pèlerins d'Europe pour les disséquer à loisir.

Pendant le dernier jour qu'il passait à Paris, Paul Fabert caracolait à cheval sur le boulevart de Gand, dans tout l'orgueil d'un triomphateur.

Le soir, il jeta au feu une douzaine de manuscrits inachevés.

Le lendemain, de bonne heure, il frappait à

cent portes, pour porter ses adieux à ces ennemis intimes que nous appelons vulgairement nos *amis*.

Ce fut, de toute part, un chorus assourdissant de remontrances, et d'objections décourageantes. Paul Fabert alla se consoler rue Coquenard.

— Bravo, lui dit Lorentz; la fortune est une belle courtisane qui ne vient à nous gratis qu'une fois dans la vie. Il y a plus d'ivresse dans son sourire que d'écus dans l'escarcelle de la plus riche héritière de France et de Navarre devant laquelle il faut se mettre à genoux. Prends-là, vrai Dieu! et tâche de la garder. Si tu as la chance de tuer beaucoup de bédouins, envoie-m'en quelques têtes pour les copier.

Paul Fabert s'éprit tout-à-coup d'une belle ardeur pour l'avenir que lui prédisait son ami. Son bagage fut bientôt prêt. Il courut aux diligences le même jour, tant son impatience était grande ; il ne restait plus qu'une place d'impériale. Notre héros s'en empara : — Perché là-haut, se dit-il, comme un ibis d'Égypte au faîte d'une pyramide, je verrai de plus loin la terre promise.

Au moment du départ, son concierge éploré lui remit une lettre timbrée d'Alger. Paul Fabert reconnut l'écriture d'un ses amis, journaliste, qui était parti pour l'Afrique depuis huit mois, pour fonder un journal. Il mit la lettre dans sa poche, car l'heure le pressait. Je la lirai en route, se dit-il encore, voilà une connaissance toute faite pour me recevoir à bras ouverts ; et je vais sans doute trouver là dedans, des renseignements fort utiles pour un voyageur.

En passant les barrières de Paris, son cœur se serra. Il lui sembla qu'il disait adieu à tout pour toujours ; il alluma un cigarre pour oublier de pleurer, et décacheta sa lettre pour se distraire. Voici ce qu'elle contenait :

« Mon bon Fabert, après huit mois d'études pénibles, et d'un plus triste exil, ma pensée a besoin de retourner à vous que j'ai quitté sans adieu ; à vous, ami de mes veilles laborieuses, et critique indulgent pour tant de livres que vous seul peut-être n'avez pas oubliés.

« Des splendeurs de Paris, cette seconde ville éternelle, de ce coin fleuri de la nouvelle Athènes, d'où nous regardions autrefois passer comme des rêves les hommes et les choses de chaque jour, je me suis tout-à-coup éveillé au berceau d'une autre France, entre les sillons de la guerre et les débris du passé.

« Vous concevez à peine, heureux habitant d'un Paris toujours jeune, que j'aie pu quitter la douce paix du foyer, les tranquilles joies des arts, et le commerce de mes amis, pour aller, voyageur aux terres lointaines, recommencer ma vie sur un sol que vous imaginez inhospitalier, sauvage et dénué d'avenir.

« Je le croyais ainsi moi-même, en lisant toutes les pauvretés glanées par les Robinsons du mensonge, et débitées effrontément sur le compte de l'Afrique. On ferait un fameux supplément à la bibliothèque Bleue, avec les contes effarés dont gorgent notre honnête public ces touristes de cabinet qui ont vu la Méditerranée figée sur les croûtes du Louvre, et le vieux Alger au Diorama du boulevart. De tant de gens qui ont traité l'Afrique à la façon de Dumas, lorsqu'il inventa le Sinaï pour l'édification des simples d'esprit,—à ces commis-voyageurs d'une librairie qui s'illustre à coups de réclame, et à ces pédants de tribune qui s'en vont à Alger quêter des banquets, pour revenir colons enragés ou arabophobes quand même, il n'y a de distance que de la main à la main.

« Et puis sans cesse arrivent par chaque bateau-courrier, des aigrefins de tout plumage, compilateurs de rapports, écumeurs de bulletins, vrais fripiers d'héroïsme, détaillants de renommées au rabais. On a vu pleuvoir, en tout format, des Algéries illustrées, des Algéries pittoresques et des Algéries monumentales. Mais rien n'est plus monumental que les bévues orgueilleuses de tous ces narrateurs. L'esprit s'est réfugié derrière la chinoiserie franco-algérienne, ce brave esprit français qui tue, à coups de marotte, les sots et les marchands.

« Le pis est que, de tout cela, il s'est formé un résidu d'insouciance et de dégoût pour ce sol d'Afrique, immortel par ses souvenirs et magnifique par ses promesses, dont l'épée d'un soldat comme on n'en voit plus guère a doté la France, avec trois années d'intelligence pour conquérir et de génie pour recréer.

« A travers ce Pandœmonium des impressions africaines qui noyaient la publicité depuis treize ans, j'avais démêlé, par hasard, quelques brochures fortement teintées d'amertume contre le passé, et envenimées d'accusations contre le présent. J'y avais remarqué deux thèses dont l'une ne manquait pas d'évidence, et dont l'autre semblait appeler un examen sérieux. — La première, c'est la coupable insouciance de nos législateurs qui depuis tantôt quatorze ans sèment l'argent, sans savoir ce qu'ils veulent récolter, sur cette terre qu'une loi n'a pas même encore proclamée française. — La seconde était le sanglant reproche de traîner en longueur une guerre illogique, désastreuse et sans gloire, en étalant aux regards du peuple arabe tout ce que notre civilisation a de vermoulu et de pourri, savoir : un système vacillant, sans idées génératrices ; — le fisc sans frein, — et des administrations bâtardes, tronquées et sans vues d'avenir.

« Certes, mon cher Paul, il y avait là de quoi

rendre curieux, de quoi donner longuement à penser. J'avais senti tout-à-coup naître en moi un immense besoin d'aller étudier les ressorts de la vie morale et physique au berceau d'une société formée par le hasard, de mille éléments hétérogènes, qui se combattent ou cherchent à s'assimiler, parmi des obstacles sans cesse et partout renaissants.

« On se laisse aller souvent à des folies pour bien moins qu'une pensée. J'ai fait celle de quitter tout ce qui m'aimait, pour aller vivre d'exil, de solitude, et d'aride labeur. Enfant d'une vie intelligente et large, amant capricieux de toute poésie, je suis venu courber ma tête sous le joug que traîne partout un peuple de soldats; dans des villes où chaque pas côtoie une caserne, et se heurte à une cantine, ces deux nécessités brutales des civilisations qu commencent.

« Nul peut-être ne me tiendra compte des

dégoûts dont je me suis abreuvé, des contacts repoussants auxquels il m'a fallu descendre pour aller jusqu'au bout de cette mission que je m'étais généreusement imposée. Mais patience encore, pour un peu de temps ; j'ai assez de jeunesse pour ne pas manquer de courage, et les fantaisies du souvenir me consoleront demain des lassitudes de la veille.

« Et puis il faut bien le reconnaître, car toute vérité réclame un hommage rendu, — sur cette terre algérienne d'immenses choses sont en germe, et des merveilles sont déjà accomplies. Un nom que l'histoire doit garder, protège les premiers pas d'une société qui commence comme celle de Rome par un triste amas de misères ; mais un vaste avenir pourrait éclore de la pensée qui met en bon œuvre tant de mauvais outils, si l'on savait répondre en France à la féconde simplicité, à la probité toute patriotique de ses vues. La propriété, sous sa main fortement protectrice, tiendrait à se fonder plus rapidement, par le travail aidé des capitaux. Riches et pauvres sont appelés ici à servir de leurs bras l'établissement commun.

En ces temps où rien n'existe qu'en vertu de l'argent, nos prolétaires indigents peuvent demander à l'Afrique leur part de terre et de soleil. La liberté viendra plus tard, quand la sécurité sera complète autour des petits propriétaires dont la nécessité fait d'abord des soldats, dont l'avenir fera des citoyens complets.

« Si la petite propriété et la petite culture ont leurs inconvénients, elles ont aussi d'admirables avantages. Elles lient un peuple au sol, individu par individu. Dans chaque sillon, pour ainsi dire, est scellé un anneau invisible qui attache le propriétaire à la société tout entière. L'homme, a dit Victor Hugo, aime la patrie à travers le champ. Qu'on possède un coin de terre ou la moitié d'une province, on possède : tout est dit. C'est là le grand fait. Quand le peuple ne possède rien, il ne tient à rien ; à la première secousse, il laisse tomber l'État. La misère creuse un trou dans son cœur, et y met la haine. Au jour venu, toutes les poitrines s'ouvrent, et les révolutions éclatent.

« Eh bien ! la Providence ferme aujourd'hui la bouche à nos tribuns inquiets. Le droit au travail règne en Afrique sur d'immenses espaces, et le travail persévérant pourra s'y élever par degrés, de l'aisance à la fortune.

« Devant ces faits, je sentais que j'avais une mission à remplir. En face du droit au travail reconnu, je voulais édifier un plan d'*organisation* du travail ; et comme ici rien ne peut s'imprimer sans permis, j'allai soumettre au maréchal Bugeaud mon projet de fonder un journal exclusivement dévoué à une si grande question.

« — Qu'êtes-vous, me dit le gouverneur?

« — Journaliste.

« — Que voulez-vous?

« — Servir les intérêts de ce pays, en discutant les moyens les plus prompts et les plus efficaces d'y organiser le travail et la production; d'y faire éclore une source de revenus pour la France.

« — Fort bien, reprit le maréchal, mais on ne défriche pas, on ne pioche pas, on ne laboure pas, on ne sème pas, on ne récolte pas avec des instruments de papier. Il faut, pour tout cela du fer et des bras. M'amenez-vous des travailleurs, ou voulez-vous m'en aller chercher? Je les recevrai avec plaisir, et je ne manquerai pas de place pour les installer. Mais une fois installés, tout ne sera pas fait. Il s'agira de les armer et de les mettre en état de se défendre eux-mêmes contre les attaques de l'ennemi.....

« — Mais, Monsieur, l'attrait de notre civilisation, les bienfaits que leur apporteront nos lumières, attireront à nous les Arabes. Un journal dans les deux langues, leur prouvera que nous ne voulons établir avec eux que des échanges d'intérêt ; que nous sommes venus remplacer, par une démocratie pacifique, le despotisme qui les abrutissait.....

« — Et vous opposerez aux coups de fusils vos pancartes quotidiennes? Vous feriez mieux d'en employer le papier à préparer de bonnes cartouches.

« — Mais, Monsieur le gouverneur.....

« — Mais, Monsieur de la plume, croyez-vous qu'on gouverne avec des phrases, un peuple belliqueux, admirablement préparé pour la guerre, et toujours prêt à la révolte, comme sont les Arabes? Et croyez-vous qu'en face d'une terre immense dont il faut garder la conquête, qu'il faut défricher, assainir et cultiver avec persévérance, on ait le temps de faire des théories et de compulser des gazettes?....

« Je voulus parler de liberté, de garanties civiles, de représentation des intérêts coloniaux..... Le maréchal me répondit que la liberté dont les Français d'Algérie avaient besoin pour le moment, c'était celle de circuler sur les routes et dans les campagnes en toute sécurité. Que les garanties qu'ils réclamaient avant tout étaient celles qui pouvaient protéger leurs personnes et leurs propriétés; que la représentation de leurs intérêts se résumait, pour le moment, dans une forte organisation, militairement constituée pour assurer le salut de tous; « — et voilà, ajouta-t-il, l'objet constant de mes travaux depuis que je suis ici. Pour atteindre mon but, j'ai besoin de réunir, sous une seule volonté, les gens qui sont venus librement s'y placer, et qui ont suffisamment compris la logique de leur situation, puisqu'ils y restent. Votre journal, sage aujourd'hui, ferait demain la guerre à tout ce qu'il ne lui plairait pas de concevoir. Ma colonie, je vous l'affirme, ne demande pas mieux que de se passer de vous, à moins que vous ne vouliez travailler et prendre un fusil comme les autres, pour payer, en temps utile, votre dette à la sécurité commune.

« Ainsi, mon cher Paul, mes grands projets de civilisation pacifique, mes théorêmes d'économie sociale ont été repoussés avant même qu'il m'eùt été permis de les développer à nos concitoyens d'Afrique. J'ai demandé, dans ma surprise, à un estimable négociant, débarqué à Alger sans un sou, il y a dix ans, et qui possède aujourd'hui deux belles maisons tout près de la ville, comment lui, propriétaire et ayant droit d'être électeur, il ne protestait pas de toutes ses forces contre la tyrannie de ce régime du sabre. Il a eu l'impudeur et la lâcheté de me dire qu'il ne s'était pas encore aperçu de cette tyrannie; et, prenez garde, a-t-il ajouté, ne mettez pas le feu aux poudres; si vous criez contre le gouvernement du maréchal, les Algériens français seraient bien capables de vous lapider, et le maréchal, qui ne rit pas tous les jours, vous ferait lier comme une carotte de tabac, et vous expédierait à Toulon ou à Marseilles, comme un ballot.

« Malédictions, ô mon ami! sur ce pays où on muselle les franchises de la pensée, où l'on emprisonne, par la raison brutale de la force, les généreux efforts des ouvriers de la liberté! Je m'en vais d'ici, car Alger pourrait me devenir malsain. Quel diable d'homme que ce maréchal Bugeaud! je le déteste, et je ne puis pourtant lui refuser une partie de la justice que tout le monde lui rend ici. Mais je n'ai aucune espèce de goût pour ses villages fortifiés et pour la culture au son du tambour.

« Dans huit jours, s'il plaît à Dieu, je respirerai l'air libre de notre belle France. L'apôtre incompris va secouer sur le môle de Kaïr-el-Din, la poussière de ses sandales. A bientôt! ami, à bientôt!

« A. P. »

Quand Paul Fabert eut achevé cette lecture, il se redit à lui-même : Il paraît, en vérité, que c'est un rude pacha que ce maréchal Bugeaud; je joue un peu le rôle de Léandre, dans les *Fourberies de Scapin*. Que vais-je donc faire dans cette maudite galère?...

La diligence traversait Charenton.

— Je crois, se dit encore Paul Fabert, que j'aurais bien fait de borner ici mon voyage.

Mais la diligence roulait toujours, et le jeune voyageur allumant un second cigarre, inclina sa casquette sur l'oreille droite, en s'écriant :

— Je ferai comme les autres ; je prendrai un fusil et qui vivra verra. Si la chance m'est défavorable, je serai libre de quitter la partie ; si les découragements auxquels je suis lié, comme un vivant à un cadavre, achèvent de briser mes ressorts, je reviendrai chercher le repos et l'oubli dans la monotonie de ma vie passée, et je m'ensevelirai dans l'habitude.

V

> Je contemplai longtemps, sur la côte, les derniers balancements des arbres de la patrie, qui s'abaissaient à l'horizon.
>
> CHATEAUBRIAND.

Traversée.

Le voyage de notre héros fut ce que sont tous les voyages. Il fut cahoté pendant cinq jours, morfondu pendant les nuits, écorché d'auberge en auberge, et crut entrer au ciel quand la diligence fit résonner les pont-levis de Toulon.

Toulon est aussi triste que Marseilles a d'attraits. Quand on a visité l'arsenal et l'hôpital Saint-Mandrier, ce qu'on a de mieux à faire, c'est de gagner le large au plus vite.

Paul Fabert avait obtenu du ministre de la guerre la permission de prendre passage sur les courriers de l'Etat. La vapeur chauffait à son arrivée; il n'eut que le temps de gagner le bord, et ce départ si rapide lui parut de bon augure. Il se plut à rendre grâce aux procédés pleins d'obligeance dont il fut l'objet de la part des officiers de marine; ces messieurs ne ressemblent plus aux loups de mer du bon vieux temps; ils n'ont pas moins de bravoure avec plus de science, et ils prouvent que la valeur de Jean-Bart ne se mésallie jamais avec la politesse dont se piquent les Français.

Lorsque notre héros eut reconnu l'espèce de tiroir décoré du nom de cabine qu'on accorde aux passagers, il monta sur le pont pour faire connaissance avec les figures de ses compagnons de voyage.. Il vit des soldats qui allaient rejoindre leurs corps, des paysans et des ouvriers qu'avait attiré l'espoir de faire fortune sur une terre inconnue. Puis il engagea l'entretien avec l'officier de quart, et tous deux se mirent à causer d'Afrique, comme s'ils s'étaient connus depuis dix ans. Paul Fabert fit à l'officier des questions sur le maréchal Bugeaud, sans même cacher la vague inquiétude que lui causait sa future réception.

— Ma foi, lui dit son interlocuteur, je ne vous ferai ni le portrait, ni la physiologie de notre gouverneur général. Je pourrais rester à côté de la vérité, et c'est d'ailleurs un homme qui produit son effet à première vue, selon les gens auxquels il a affaire. Nous l'avons vu plusieurs fois prendre passage sur ce bateau, pour parcourir le littoral. Je ne lui vois rien d'effrayant malgré tant de gens qui se plaisent à le défigurer en barbare, à lui prêter une mine de cosaque, et des manières de geôlier. Le maréchal a besoin d'être vu de près; on dit qu'il gagne infiniment à être connu. Vous en jugerez. Dans notre métier, on se contente d'obéir, sans discuter les formes de celui qui commande. Mais ce que je puis vous dire d'avance et sans crainte de vous tromper, c'est que vous trouverez toute l'Algérie pleine de sa présence et de son activité qui n'a de bornes que le temps.

Rien ne s'improvise, pas plus aujourd'hui qu'autrefois. Et pourtant, si vous aviez visité nos possessions d'Afrique il y a trois ans, et si vous les voyiez aujourd'hui pour la seconde fois, quelle différence! Sans remonter plus haut, savez-vous bien ce qui s'est accompli seulement depuis 1843, sous l'impulsion persévérante de M. Bugeaud? En 1845, toute l'Algérie était déjà couverte d'immenses travaux. Dans deux jours vous admirerez Alger;

vous vous demanderez avec surprise par quel enchantement, ce vieux nid de corsaires est si vite devenu une miniature de cité française, dans un cadre oriental.

Indépendamment des nombreuses et belles avenues plantées d'arbres qui rayonnent autour d'Alger, l'armée, (car c'est l'armée qui a tout fait ici, comme autrefois les légions romaines), l'armée a exécuté 300 lieues de routes carrossables, pour relier entr'eux nos établissements des provinces d'Alger, de Titteri, de Milianah et d'Oran. On peut aller aujourd'hui, d'Alger à Tlemcen, parcourir 120 lieues en voiture à quatre chevaux, et visiter, à droite et à gauche de cette belle route, toujours en voiture, Médéah, Teniet-El-Haad, Ténès, Mostaghanem, Mascarah, Tiaret et Oran. Il y a deux ans qu'on aurait eu de la peine à franchir ces espaces à dos de mulet.

Ce n'est pas tout. Dix ponts ont été créés et

achevés l'an passé, après quinze mois de travail. Il y en a un construit à l'américaine, et trois sur chevalets; savoir : un sur le Rio-Isalado; un sur l'Isser de l'Ouest; un sur le Sig; un sur l'Oued-El-Hammam; un sur le Taria, au sud de Mascarah; deux sur la Mina; deux sur le Chéliff, dont l'un, bâti à l'américaine, mesure 180 pieds de long.

Ce n'est pas tout encore; — les villes de Médéah, Milianah, Mascarah et Tlemcen, où l'armée, toujours l'armée, n'avait trouvé que des ruines, ont été relevées depuis trois ans. En 1843, seulement, celles d'Orléans-Ville, Tenès, Tiaret, Teniet-el-Haad et Boghar, ont été créées à nouveau. Le chiffre de la population civile s'accroît rapidement dans ces diverses localités. Orléans-Ville et Tenès, fondées depuis si peu de temps, comptent ensemble plus de 1800 européens, presque tous français. Les autres villes possèdent 6 ou 800 âmes chacune. — Guelmah et Sétif, créées depuis 1837, se développent chaque jour davantage. Philippeville, fondée à la même époque, est devenue, en peu d'années, une ville importante. Alger, Bône, Oran, Mostaghanem, Blidah, Cherchell sont des cités devenues françaises, où les constructions s'élèvent sur tous les points, comme par enchantement, sans pouvoir même suffire aux besoins qui se multiplient chaque jour. Il n'est pas une des localités de la côté ou du Sahel d'Alger, qui n'offre le spectacle de quelque grand établissement. Vous parlerai-je de tous ces villages coloniaux qui se fondent avec tant de courage et d'activité? mais ce serait toute une géographie à vous raconter.

Et à qui sont dues ces créations : à l'armée! à l'armée seule, je ne saurais trop le redire, car c'est là ce qui l'honore autant que ses triomphes.

L'armée, c'est le bras que la société fait mouvoir pour sa défense ou pour sa gloire, selon que cette société est attaquée ou conquérante. L'homme en général n'a que deux rôles à jouer sur la terre : il est machine ou puissance; s'il n'a que la force brutale, ou s'il n'est doué que d'instincts limités, il est, selon les cas, ouvrier, maçon, bête de somme, laboureur ou soldat, il est *machine*. S'il a reçu du ciel un reflet suffisant du rayon divin, le voilà *puissance* à divers degrés. Il devient agronome, industriel, artiste, homme d'état, publiciste ou général. Eh bien! la puissance fait aller la machine, la tête mène le bras. L'ordre civil dit à l'armée : voilà un ennemi qui se lève contre moi, va l'anéantir, ou meurs. — Et l'armée va, elle triomphe, ou elle est détruite. Or, tous les ennemis d'une société sont-ils armés de fusils, ou traînent-ils des canons? Il faudrait avoir la vue bien courte pour donner une si étroite limite aux antagonismes qui s'agitent à la surface du monde. Hier, Alger avait insulté la France. Aujourd'hui, la France dit à ses soldats : « Vengez-moi ! » — Et ses soldats l'ont vengée par une glorieuse conquête.

Mais croyez-vous que tout est fait?

Un immense espace déborde l'ombre de vos drapeaux. Cette terre, faite pour nourrir des hommes, et qui portait, il y a deux mille ans, (on ne saurait trop le répéter), une partie des maîtres du vieux monde ; cette terre est redevenue vierge; quatorze siècles de barbarie l'ont stérilisée. Ses bois sont détruits ; le sable à bu ses cours d'eau ; les végétations mortes à sa surface l'ont enduite d'une croûte calcinée par le soleil sur un *humus* qui exhale la fièvre et la mort, dès que le soc ou la bèche y font une trouée. — Voilà l'ennemi de la plaine.

Gravissons la montagne. Les torrents de l'hiver dévorent leur lits désordonnés. L'Atlas étend ses chaînes abruptes pour vous fermer l'accès des régions heureuses que caresse le sud de sa tiède haleine. Ici, l'ennemi, c'est la pierre que chaque soleil durcit; c'est le torrent que chaque hiver élargit ou bifurque. Plus loin, c'est la vallée horride où rampe le palmier-nain, espèce d'hydre aux cents bras, lacis noueux dont les tresses de fer s'anastomosent, se pétrifient sous le pic qu'elles font voler en éclats. Qui bannira ces hôtes parasites d'un sol fécond créé par Dieu pour alimenter les bras qui travaillent à la sueur du front? Voilà encore l'ennemi.

Et sur cette terre ardente, où chaque pas vous met en face d'une lutte plus âpre que celle d'homme à homme; courbez-vous sous cette flamme électrique dont chaque rayon cause le vertige; fermez les yeux à cet éclat qui aveugle, fermez les narines à cette senteur de pain chaud qui asphyxie : le sirocco monte du désert. Cherchez un abri sur ce sol sans ombre, quand l'ennemi est au firmament, quand l'azur ruisselle sur vos fronts comme du plomb fondu, et s'étend du levant au couchant, comme un linceul sans bords!...

Et pourtant, autour de vous, sous cette herbe courte et aridifiée, ne foulez-vous pas les tombes de ce qui fut une florissante cité d'autrefois, un jardin des Hespérides, un grenier de Rome l'immense? sous vos pieds, sur vos têtes, à l'entour, partout c'est l'ennemi. Et qu'est-ce que le nomade, vaincu ou chassé, en face de ce qui reste à faire. Général d'armée, homme de glaive et de salpêtre, à quoi bon le cliquetis des sabres, et la voix de l'artillerie? est-ce l'heure d'une retraite honteuse et stérile? Enfants de la civilisation moderne, vous retirerez-vous, en rampant dans la poussière du passé? Non, non, pas encore; car l'homme, ne le voyez-vous pas, est aujourd'hui ce qu'il était jadis, *machine* ou *puissance*. La machine, c'est l'armée, force organisée, disciplinée, obéissante, vouée au sacrifice et au martyre; et la société, c'est l'intelligence, c'est la puissance magnétique qui se résume dans ces grands noms de France et de Patrie. Armée, tu n'as pas vaincu, tant que tu n'as su que détruire. Le plus fier ennemi de l'homme condamné au travail par une loi fatale, c'est la nature; la nature armée d'éléments à dompter, et de forces délétères qu'il faut asservir au maintien et au développement de la vie. Il faut, à l'heure qu'il est, et sans cesse, du fer en soc, pour ouvrir le sillon qui nourrira, quand il aura dégorgé ses vapeurs. Il faut du fer taillé en pic, pour creuser la fosse de l'arbre qui protégera, de son ombre, la source tombée en pluie ou le filet d'eau jailli du rocher. Il faut du fer pour ouvrir des routes dans le granit; il faut du salpêtre pour jeter dans le torrent les blocs que l'effort du bras ne détacherait pas assez vite sous ce climat de feu qui ronge la force. Il faut du fer pour tailler la roche en digues, pour captiver ou changer le lit du torrent, pour arracher le palmier-nain, ce serpent de bois vivant, qui opprime la terre. Il faut du fer pour scier la pierre qui se débitera en arceaux pour l'aquéduc, en voûtes légères pour le repos de l'homme, en margelles pour la citerne, en assises pour la redoute qui tiendra l'assaillant à distance. Et n'est-ce pas une noble victoire que celle qui assujétit un climat si puissant, une nature gigantesque, aux volontés d'un peuple fort? N'est-ce pas une gloire immense, que de planter son étendard sur un sol dépouillé d'ennemis, et sur les œuvres d'une civilisation ressuscitée? Comment Carthage l'Africaine, a-t-elle rendu Rome jalouse? Par sa prospérité merveilleuse. Et comment Carthage fut-elle fondée? Par le travail d'une troupe d'émigrés. Comment vivait-elle? Par sa richesse agricole qui lui permit, une fois assise, d'étendre ses bras sur le commerce des mers. Eh bien! la France, avec ses 32,000,000 d'âmes, resterait-elle au-dessous de Carthage? — Nous ne devons et nous ne pouvons pas le penser, car nos soldats travaillent avec ardeur. Ils travaillent en songeant à la patrie; ils savent qu'après les jours du service légal, ils iront au village raconter à leurs compatriotes ébahis toutes les gloires qu'ils ont inscrites sur le drapeau de France; il savent aussi que le sol dont ils triomphent par le travail, reste pour eux hospitalier; qu'il garde en réserve une part de fertilité pour ceux qui voudront en devenir les citoyens. La pioche et le fusil sont deux armes également nobles dans leurs mains. Ils savent que c'est la France qui commande, que l'Europe les regarde, et que l'avenir gardera leur mémoire. Ils ne se plaignent pas, ils ne réclament point, parce qu'ils ont confiance et vénération pour le chef qui marche si glorieusement à leur tête. Qui donc pourrait aujourd'hui s'élever contre la reconnaissance nationale si bien due à cet homme, dont l'infatigable activité ne demande que du bon vouloir et des bras, et qu'on trouve partout à la fois, encourageant le travail par sa présence; électrisant par son exemple aux jours de la guerre; se multipliant et se faisant tout à tous, sans autre intérêt que de laisser après lui assez d'ouvrage accompli pour que l'avenir n'ait plus qu'à persévérer.

Paul Fabert pensa que l'auteur de tant de bien devait avoir le caractère de ses œuvres, et il hâtait de tous ses vœux le terme du voyage.

Une traversée est l'incident le plus poétique ou le plus détestablement vulgaire qui se puisse rencontrer dans la vie d'un homme. L'une et l'autre impulsion peuvent aussi alterner. Cela tient à trois choses : — Au mal de mer avant tout, — au voyage que l'on s'est proposé, — au mode de navigation qu'on a choisi.

Paul Fabert, dans ses jeunes années, avait

visité l'Amérique ; et quoiqu'il fut très prompt à s'enthousiasmer, il avouait plus tard que rien n'est moins poétique qu'un vaisseau.

Considéré du côté le plus favorable à l'imagination, un vaisseau est quelque chose de majestueux et d'imposant. Lorsque nous pensons que semblable à l'aigle qui fend les airs, il s'élance à travers les périls d'une mer sans bornes, hérissée d'écueils et pleine d'orages, où il n'est qu'un point perdu dans l'immensité, et qu'il porte la vie d'un peuple aux extrémités les plus reculées du monde, il y a dans cette idée je ne sais quoi qui élève l'âme et la rapproche de Dieu. Lorsque nous entendons raconter aux matelots cette sombre légende du *vaisseau-fantôme* que l'on aperçoit à la veille d'une tempête, déployant à l'horizon plombé ses voiles phosphorescentes, et faisant jaillir l'écume au feu des éclairs, voilà du merveilleux grandiose. Mais si nous usons du droit d'envisager le navire comme une cage de bois, chargée d'odeurs nauséabondes, exhalant la houille et puant le goudron, la scène change, et la réalité efface la poésie.

« On a prétendu, » disait Cowper-Rose, navigateur émérite, « que les occupations des élus dans le paradis ne sont que l'ombre de ce qui faisait leur bonheur dans celle-ci; — j'espère qu'on ne peut pas établir la même analogie avec les châtiments, car, pour mes peccadilles, je serais certainement embarqué, dans l'autre monde, sur l'ombre d'une galère voguant sur l'ombre d'une mer. Quel supplice! n'avoir pour toute l'éternité que du beurre rance, du biscuit gâté, de l'eau croupie; n'entendre d'autre bruit que celui d'une roue qui fouette l'eau, ou le grincement des cordages; ne rencontrer de l'avant à l'arrière que des ombres de poules désolées, passant leur cou maigri entre les barreaux d'une ombre de cage; des spectres de porcs et de moutons étiques se tournant dans une auge fantastique, comme des trépassés dans leur bière ; — ne voir éternellement que le ciel fermé, et la mer morte des enfers ; des nuages livides dessinant à l'horizon la forme trompeuse d'une montagne ou d'une côte qui fuit sans cesse ; — et n'entendre de la bouche hideuse d'une ombre de capitaine, à l'éternelle question : quand arriverons-nous ? que cette parole désespérée : Jamais!... »

VI

Ense et aratro.
DEVISE.

Le maréchal Bugeaud et le régime du sabre.

Le 11 novembre, au point du jour, le canon de la marine réveillait à grand bruit les échos de la ville endormie. Le bateau à vapeur d'Oran venait de rendre à Alger son gouverneur.

Paul Fabert l'attendait avec impatience depuis huit jours. Il s'était logé dans une maison mauresque décorée du nom d'*hôtel de France*, et qu'il s'empresse de ne recommander à aucun voyageur. C'était un misérable caravansérail, un taudis encadré dans l'étroite rue du Soudan, à faire mourir de tristesse l'anachorète le plus déterminé. Mais de la fenêtre basse qui versait un jour désolé sur les quatres murs nus de la chambre *garnie* qu'il avait louée, Paul Fabért voyait la petite place du Gouvernement; son regard se reposait sur le palais de la nièce du dernier dey d'Alger, devenu l'habitation du chef de la colonie.

Il ne faut pas confondre la place du Gouvernement avec la place Royale. Celle-ci est une vaste esplanade qui s'entoure de splendides constructions à la française. Toute la ville s'y promène les jeudis et les dimanches, attirée par la musique militaire qui ajoute un prestige singulier au spectacle de la pleine mer qui fuit à perte de vue sous le ciel, au-delà du port. La place du Gouvernement forme au contraire un petit carré irrégulier, qui n'a de passable que la façade du palais, copiée, dit-on, sur les dessins de l'Alhambra, ce dont il est permis de douter. La modestie de ce séjour où sa famille est presque à la gêne, où il se trouve à peine une chambre confortable pour les visiteurs distingués qu'il accueille de temps en temps, prouve que le maréchal, depuis qu'il est en Afrique, n'a guère songé aux aisances de la vie. Toute son activité, toute sa sollicitude, toute son ambition n'ont qu'un objet : l'accomplissement de la mission pénible dont il supporte le fardeau, et les intérêts du grand pays qu'il est venu organiser. Il s'occupe trop des autres pour penser à soi ; et personne n'a encore songé à lui créer une demeure plus digne de la position qu'il occupe.

Au dernier coup de canon, Paul Fabert sauta de son lit, et courut s'embusquer derrière sa fenêtre.

Il vit bientôt un homme de haute taille, droit et robuste, malgré ses cheveux qui blanchissent, couper en diagonale la petite place encore déserte, accompagné seulement de quelques officiers. Il portait par-dessus sa capote militaire une redingotte bleue, et sans le képi, presque couvert de tresses d'or dont le nombre indiquait son haut grade, Paul Fabert n'eût compris qu'à un léger tressaillement dont il ne put se défendre, quel personnage il avait devant lui.

Les sentinelles crièrent aux armes : le poste sortit, le tambour allait battre, mais d'un signe le maréchal fit rentrer les soldats, et monta chez lui, comme un bon bourgeois qui arrive de voyage. Il se mit au travail sans prendre une minute de repos, décacheta sa correspondance, trouva une lettre de Paul Fabert qui demandait une audience, et lui envoya aussitôt une invitation pour déjeuner.

Paul Fabert tomba de son haut. Il s'attendait à une entrevue cérémonieuse, bien difficile peut-être à obtenir ; au lieu de cela, il se voyait accueilli comme une vieille connaissance à qui tout d'abord on fait place à son foyer.

— Décidément, se dit-il, cet homme là doit avoir du bon. Il gagne peut-être à se laisser connaître.

Rassuré sur l'accueil qu'il avait un peu redouté, il mit son habit noir et des gants blancs, et prit sur la pointe des pieds le chemin du déjeuner. Il fut tout étonné de trouver, au lieu d'un suisse rébarbatif, une portière avenante qui lui indiqua poliment l'étage qu'habitait le gouverneur-général de l'Algérie. C'était au second. L'escalier était de marbre ; le premier étage formait une galerie carrée avec une cour au milieu. A droite s'ouvrait la salle à manger, pas plus grande que celle d'un honnête rentier qui peut, aux jours fériés, appeler vingt amis à sa table. A gauche était le cabinet de l'aide-de-camp, avec un planton sur une banquette; plus loin s'ouvrait un escalier plus étroit, conduisant au cabinet du maréchal et à la galerie du second, autour de laquelle sont rangés ses appartements, vraie bonbonnière pour loger presque un roi.

Le cabinet du maréchal est précédé d'une petite pièce où travaille l'officier d'ordonnance de service. Ce jour-là, c'était un jeune capitaine de chasseurs d'Afrique.

A l'aspect de l'habit noir, des bottes sans éperons, et du feutre-gibus qui le saluèrent, le capitaine, se dit, *in petto*, — encore un *pékin* qui vient de France pour mendier une place, ou une concession de douze hectares pour y manger ses quatre sous.

— Monsieur, je désirerais,... dit timidement Paul Fabert, avoir l'honneur.......

— Ah! très bien! très bien; répondit le capitaine à la demande qui ne lui était pas encore faite; — monsieur le maréchal est très fatigué, très occupé en ce moment.....

— Mais, Monsieur.....

— Avez-vous sollicité une audience? Il faut écrire; où demeurez-vous? on vous répondra...

— Mais j'ai l'honneur d'être attendu....

— Ah! c'est différent, reprit le capitaine, en accordant une fraction de plus de son attention au monsieur qui était *attendu*. — Est-ce pour le déjeuner? cela ne tardera point. Prenez la peine de vous asseoir.

— Diable, se dit Paul Fabert, je crois qu'il vaut mieux avoir affaire au bon Dieu qu'à ses saints. Voilà le régime du sabre qui commence pour moi.

Une porte s'ouvrit : le colonel Eynard parut chargé de papiers.

Paul Fabert se levait pour le saluer. Le maréchal se montra au seuil du cabinet.

— Ah ! c'est sans doute monsieur Fabert; donnez-vous la peine d'entrer.

Paul Fabert se sentit plus à l'aise, un sourire empreint de bonté animait les traits du maréchal qui, de la main lui montra un siége, au coin de la cheminée, et vint s'asseoir en face de lui.

— Monsieur le maréchal, dit Paul Fabert, permettez-moi de vous exprimer.....

Ici l'expression manqua subitement à l'orateur. Le discours éminemment remarquable qu'il avait préparé, et sur l'effet duquel il avait beaucoup compté, s'agitait comme un tronçon de serpent sur sa langue paralysée.

— Voyons, dit le maréchal, mettez-vous à

l'aise, et causons. Vous m'avez écrit de Paris une lettre que j'ai oubliée ; il ne m'en est resté que votre nom qui ne m'était pas absolument inconnu. Vous étiez à Paris, homme de lettres, journaliste?.....

— L'un et l'autre, monsieur le maréchal.

— On s'occupe peu ici de littérature ; et moi, j'ai moins le temps de lire que qui que ce soit. Je fais la guerre, et je tâche de faire cultiver. C'est une besogne qui en vaut bien une autre, soit dit sans blesser votre amour-propre d'auteur. Maintenant que venez-vous chercher en Afrique, et en quoi pourrais-je vous y être utile?

Paul Fabert exposa son désir d'étudier tous les lieux où la conquête avait pénétré, et son projet de raconter plus tard ses impressions, de rendre compte de ce qu'il aurait observé.

— C'est une rude tâche que vous vous imposez-là, monsieur Fabert. Et je crains bien, malgré votre bonne volonté et votre zèle pour un tel travail, que vous n'ayez grand'peine à bien voir. Pour venir étudier un pays comme l'Algérie, il faut laisser en France les théories, les préjugés, les passions. Il faut savoir à fond l'histoire du passé, pour arriver à l'intelligence du présent.

— J'étudierai, dit Paul Fabert.

— Il faut encore une activité de toutes les heures; ne se laisser décourager ni par la fatigue, ni par le dégoût qu'elle entraîne après elle. Il faut un corps robuste, et une tête calme. Il ne faut ni enthousiasme ni préventions; le fantastique n'est plus de mode, et la science des choses positives est le commencement de la sagesse, en matière d'histoire ou d'économie politique. Plût à Dieu que tous les gens qui ont écrit sur l'Algérie, se fussent armés de la détermination que vous avez prise. En voyant de près ce qui est, en l'étudiant avec un sens droit et impartial, ils auraient jeté moins d'erreurs dans la circulation des idées, et la question de l'Afrique serait plus avancée.

— Monsieur le maréchal, je devrai un précieux encouragement à vos hautes lumières.....

— Avant tout, monsieur Fabert, dispensez-vous de vous croire tenu de m'adresser des phrases dans ce genre-là. Je ne veux ni vous conseiller, ni vous diriger, mais je vous donnerai avec plaisir, ou je ferai mettre à votre dispositions les renseignements qui pourront vous éclairer. Si jamais vous écrivez sur l'Algérie, ne parlez pas de moi, ne me donnez point d'éloges; je ne les méprise ni ne les recherche, et je m'en passe aussi aisément que je m'afflige peu de la critique. On ne saurait ici-bas contenter tout le monde. La presse m'a été hostile, mais elle ne m'a jamais empêché de dormir. Je connais parmi les publicistes des gens fort estimables et d'un haut mérite. J'ai ouï dire aussi (car je ne lis guère, je vous le répète) j'ai ouï dire qu'il s'en trouvait d'autres, dangereux par leurs clameurs, et toujours prêts à découvrir du mal ou à l'inventer. J'honore les uns, et je plains les autres plus pour la France que pour eux. Quant à moi, j'ai ma conscience, J'aime mon pays, je serai toujours prêt à me sacrifier pour sa gloire; je tâche ici de le prouver tous les jours; — si je produis un peu de bien, Dieu m'en tiendra compte; et ce bien restera, je l'espère, malgré mes jaloux et mes détracteurs. C'est-là tout ce que j'ambitionne. Allons déjeuner, monsieur Fabert.

Le maréchal se dirigea vers la salle à manger. Son état-major particulier lui tient compagnie à table, quand sa famille est absente.

— Messieurs, leur dit-il, voilà un jeune et courageux voyageur, qui vient nous voir en touriste, en historien, et en soldat si l'occasion se présente. Je vous prie de lui faire part de tout ce que vous savez, de tout ce vous avez vu; je désire que monsieur Fabert trouve sans cesse auprès de vous un accueil cordial. Nous n'avons besoin de sa plume, ni les uns ni les autres; mais s'il a assez de courage pour étudier partout, et assez de franchise pour ne dire que ce qu'il a vu, pour ne rien broder, et ne rien défigurer, je crois qu'il pourra faire un travail utile au pays.

Messieurs de l'état-major, pour lesquels Paul Fabert avait été d'abord une simple curiosité, sortirent de leur froid glacial, et lui firent un certain accueil dont la cordialité était tempérée par la présence du chef suprême. Plus tard, et presque chaque jour, Paul Fabert les rencontrait, ou venait les voir. Il s'en fit des amis dont le souvenir est resté parmi ses rares affections.

Le colonel Eynard, chef du cabinet, était

l'âme de la maison. C'est à lui que tout arrive, c'est par lui que tout passe. C'est le Duroc du maréchal.

Voici les autres membres de cette famille militaire : — Le capitaine d'artillerie Rivet, officier d'un savoir étendu, qui se révèle partout malgré son exquise modestie, et qui n'eut aux yeux de Paul Fabert qu'un léger défaut, celui de ne pas toujours résister à l'attrait d'aiguiser une malice contre son prochain. Le capitaine Rivet doit, depuis peu, à ses services distingués le grade de chef d'escadron dans les Spahis. Paul Fabert ne veut pas être le dernier à l'en féliciter, — sans rancune.

Le capitaine de Garraube appartient à la légion étrangère. Fils du général et député de ce nom, il marche sur les traces de son père. Il joint aux formes du monde élégant, une candeur pleine de charme, chante fort bien et se bat cent fois mieux.

Le capitaine Guilmot, sort des rangs des chasseurs d'Afrique. Quoique neveu d'un ministre, il ne doit qu'à son sabre son rapide avancement. Paul Fabert aime à se rappeler qu'ils dormaient sous la même tente et qu'ils ont partagé plusieurs fois les mêmes dangers.

Il ne faut pas oublier une belle nature de poète et de pèlerin, de Taleb arabe, et de soldat français. Léon Roches, interprète du maréchal ; El-Hadji-Léon-Roches, qui a fait comme un marabout le pèlerinage de la Mecque, qui a vécu deux ans auprès d'Abd-el-Kader ; dont la vie est une histoire, un roman, une légende.

Tous ces officiers sont jeunes ; ils sont décorés, et ne le doivent pas à leur position. Personne n'est plus austère que le maréchal sur le chapitre des récompenses. La *faveur* est un mot inconnu autour de lui.

Braves camarades de l'armée d'Afrique, Paul

Fabert à cessé de vivre au milieu de vous; mais il ne cesse pas de vous regretter.

Au sortir de table, le maréchal avait des audiences à donner, des rapports à recevoir, des conseils à présider; un déluge de travaux pleuvait sur lui.

— Monsieur Fabert, dit-il à notre héros, vous voyez que je suis écrasé d'occupations, il me faudrait deux existences pour y suffire. — Revenez nous voir; vous trouverez toujours à qui parler. Revenez souvent, et surtout, comme je vous l'ai dit, étudiez, observez, mais n'étudiez ni n'observez rien à demi.

A dater de ce jour-là, Paul Fabert se sentit un autre homme. Il allait recommencer sa vie. Une sève nouvelle circulait dans ses veines. Il eut un cheval, et se mit à parcourir les trois provinces de l'Algérie, dessinant, écrivant, herborisant, et admirant à chaque pas un monde nouveau qui sortait des ruines du passé. Il s'étonna de voir tant de choses créées, ou renouvelées, ou développées, par un seul homme, en si peu de temps.

Ce n'est pas une petite chose que d'enfanter une population puissante sur un sol où il faut tout créer à force de travail et de persévérance. Coloniser un pays aussi vaste que notre conquête algérienne, c'est entreprendre de faire, en quelques années, ce que l'humanité n'accomplit qu'à force de siècles. C'est soumettre à l'homme le sol, le climat, les éléments, et sur tant de difficultés vaincues édifier une société. Quand on jouit paisiblement des richesses d'une grande civilisation, on a peine à s'imaginer ce qu'il a dû en coûter pour les obtenir, et nous regardons comme un présent gratuit de la nature, ce qui n'est que le fruit des longs efforts de plusieurs siècles.

Toute colonie n'a de ressources, au début,

que celles qui lui sont assurées par la mère patrie. Elle vient livrer à un sol inculte, ou remis en friche par la barbarie, une lutte agricole qui n'a, ni moins de périls à combattre, ni moins de victoires à gagner qu'une guerre d'armées. La nature primitive, cette belle nature éclose toute fleurie du cerveau des poètes, est d'autant plus rebelle aux efforts de l'homme qu'elle est plus fertile. C'est la vieille fable des travaux d'Hercule mise en action. La propriété du sol n'a d'autre valeur réelle que celle qui lui est prêtée par la présence et le labeur de l'homme. Une terre en friche ne donne à son proprétaire d'autre droit que celui de la cultiver lui-même; car s'il veut l'amener à produire par le travail d'autrui, le prix de ce travail dévorera tout ou presque tout le produit, si ce n'est plus, et le maître du sol, s'il est pauvre, mourra de faim sur sa propriété. Il ne suffit donc pas qu'une émigration s'étende en Algérie. Vous y verrez débarquer des émigrants à milliers, c'est-à-dire, des vagabonds auxquels le voisinage de la France et la facilité du retour feront trouver commode de changer, pour un temps, de lieux et de misère. Mais combien compterez-vous de bras pour le travail, et que sera-ce encore que ce travail, sans les capitaux qui peuvent seuls lui donner la vie? Or, pour que les capitaux arrivent, pour que les grandes fortunes particulières viennent concourir aux efforts de l'État, pour qu'une population robuste, courageuse, active, consente à venir demander à l'Afrique une aisance et une patrie; il faut que partout règne la sécurité; il faut que du nord au sud, et de l'est à l'ouest, la domination s'appuie sur des faisceaux d'armes; il faut que, sur tous les points, les Arabes nous voyant tenir d'une main la charrue, et de l'autre un fusil, soient convaincus de l'inutilité d'une lutte nouvelle.

Et avec un peu d'étude du caractère et de

la constitution sociale de ce peuple, il est aisé de reconnaitre qu'il se montrera bien moins hostile à des corps organisés militairement, qui viendront prendre possession du territoire, qu'à une invasion de prolétaires, en général mal choisis, peu recommandables, et nullement énergiques. Il respectera une puissance armée, car il verra, dans son occupation, l'exercice d'un droit de guerre; il mépriserait les aventuriers civils, et regarderait leur établissement comme un pillage. Gardons-nous donc de faire décheoir le rôle de notre armée aux yeux de ces fiers indigènes; ne la réduisons pas au métier de garder quelques milliers de colons sans ressources. Nous n'avons eu déjà que trop grand tort de permettre sur le littoral africain ces convois d'indigence. On ne guérit pas le paupérisme en exportant le vagabondage. Il fallait organiser vigoureusement, pour un travail prévu, nos bandes de pauvres avides; et avant de couper la retraite à leur fainéantise, brûler, sur les plages de Toulon et de Marseilles, leurs haillons que le vaincu n'aurait pas dû entrevoir. Pourquoi tenter les grandes choses avec de petits moyens et de si fausses mesures d'économie ?

L'armée, voilà la vraie puissance de création et de conservation sur qui repose tout l'espoir de notre colonie. Il faut qu'elle s'organise avec une force durable qui maintienne, en y prenant racine, notre domination sur le sol ; et, en raison des grands sacrifices que quatorze ans de guerre nous ont imposés, il faut créer un peuple capable de subsister par lui-même, et d'indemniser peu-à-peu la métropole.

Or, quels éléments nous offrent, quant à présent, les européens jetés sur le sol algérien ? Des marchands de toute sorte qui, à très peu d'exceptions près, courent d'un pas égal à la fortune ou à la banqueroute ; des spéculateurs étourdis, des usuriers sans vergogne ; infiniment trop de ces familles affamées qu'on est sûr de rencontrer sur tous les chemins d'émigration, et un ramassis d'étrangers qu'on ménage beaucoup en les qualifiant d'aventuriers. Tous ces gens là vivent, l'un mangeant l'autre, et par-dessus tous, trône la juiverie indigène.

Les juifs accaparent nos écus, mais ne colonisent pas. Quant aux autres, la colonisation par eux restera encore, pendant plus de dix ans, impuissante ; et elle ne saurait être qu'un embarras et presque un danger. Il y a un grave inconvénient à ouvrir notre conquête à ces flots d'étrangers qui encombrent une place sur laquelle il serait bien plus sage que le gouvernement sût attirer nos nationaux. Nous ne craignons pas que ces étrangers, soldats de l'usure et du trafic, nous chassent de l'Algérie; mais leur présence y constitue pour nous une gêne permanente ; car, au lieu de contribuer à la défense de nos établissements, soit contre un ennemi d'Europe, soit contre des révoltes intérieures, ils nous imposeraient, en cas de guerre, la double charge de contenir leur fidélité très équivoque, et de nourrir des bouches inutiles. En temps ordinaire, ils attirent à eux les affaires, absorbent le travail, et quand la recette est encaissée, ils remportent chez eux nos capitaux. La France a fait pour eux la conquête; ils sont venus, derrière elle, comme ces oiseaux de proie qui suivent les armées. D'ailleurs, le labeur agricole répugne, en général, à la paresse ou à l'avarice des étrangers. Sauf un peu de jardinage autour de nos grands centres de population, ils préfèrent les industries de la ville; et c'est, malgré tout, un bonheur; car, pour enlacer les Arabes dans un réseau de fer, pour les réduire à l'obéissance en cas d'insurrection, il faut d'autres ressorts que cette cohue de Juifs, de Mahonnais, de Maltais, d'Espagnols, d'Italiens et d'Allemands pour la plupart sans aveu, à qui nous avons si largement prodigué toutes nos libertés, sans pouvoir les militariser en face de ces peuples indigènes, si guerriers, si remuants, et qui semblent sortir de terre à l'heure du combat. Est-ce donc une force que cinquante-un mille individus de tout pays qui couvrent Alger et sa banlieue? Et si l'armée s'effaçait un moment, le chef-lieu de la Régence ne se verrait-il pas ramené, en peu de jours, à l'état de blocus où le trouvait encore la première campagne de 1841 ? Pour obtenir la sécurité, il a fallu plus de trois ans d'une lutte acharnée sur tous les points ; et, sans l'armée, notre population parasite, et à peu près libre de toute obligation, pourrait-elle seulement se défendre sur ce territoire auquel ne l'attachent que des intérêts passagers ?

De nombreux villages militaires sont les garants indispensables de la sécurité et de la durée de nos établissements, car une paix armée peut seule garder les fruits de la victoire. Il nous faut en Afrique des colons disciplinés pour qu'ils soient travailleurs, et qu'ils produisent avec régularité, avec intelligence, avec suite. Nous devons tendre à ce qu'ils servent d'exemple et de modificateurs aux Arabes. Il faut que le tableau de leur aisance attire les indigènes à les imiter. La belle culture rend les peuples sédentaires et moins disposés à guerroyer; on s'attache aux richesses agricoles qu'on a vu naître sous ses mains, qu'on a fécondées de ses sueurs; on recueille dans l'abondance de toutes les choses nécessaires à la vie, des joies paisibles qui se renouvellent sans cesse. Nous avons renversé la domination des Turcs fondée sur la division, sur la misère et l'abrutissement des vaincus. La notre doit se baser peu à peu sur une communion d'intérêts matériels. La tactique française a pu triompher des Arabes; mais restons forts au milieu d'eux, pour les tenir sous le joug sans les écraser. L'extermination seule aurait pu nous ôter toute crainte de révoltes; mais une telle extrémité est incompatible avec les mœurs d'un peuple civilisé; c'est donc au commerce qu'il faut demander des chaînes pour le vaincu; c'est sous l'appât de l'argent qu'il faut le courber. Chaque Arabe que nous laisserons s'enrichir par ses relations avec nous, deviendra un ennemi de moins et un allié de plus. L'empire de la force que ces peuples appellent fatalité, et auquel ils se résignent si facilement, servira de prétexte à leur soumission, — l'intérêt en sera le vrai mobile.

Mais tant que la colonisation se trouvera, pour ainsi dire, en état de siége, ce serait folie que de s'attendre à voir des capitaux importants venir d'eux-mêmes alimenter, en Afrique, un travail qu'ils protégent à peine sur le sol national. Le dévoûment n'est pas la loi des capitalistes; un intérêt puissant, décisif, est seul capable de les attirer. Ne jugeons pas d'ailleurs de ce que peut faire la France d'après ce qui se passe en Angleterre. Si nous voyons, chez les Anglais, les établissements coloniaux emprunter leurs ressources à des compagnies qui les commanditent, remarquons aussi la différence qui règne entre notre situation économique et celle de nos voisins. La France ne possède pas, comme eux, une masse de capitaux flottants, empressés à chercher de l'emploi, même en courant les plus grands risques; nous n'avons pas, chez nous, une aristocratie regorgeant de richesses, et qui consente à engager son superflu dans des spéculations incertaines, et pour des résultats éloignés.

Ainsi les efforts les plus actifs d'individus livrés à eux-mêmes, sans autre guide que l'intérêt privé, sont impuissants à fonder, sur un sol neuf, l'établissement agricole qui doit être la base et le principe nourricier de notre colonie. Il est évident que la force publique, c'est-à-dire le gouvernement qui en dispose, peut seule étayer l'œuvre en péril. Contre une nature ennemie et rebelle, il faut des forces collectives pour remporter la victoire. L'heure n'est pas encore venue d'ouvrir les portes de l'Afrique à des émigrations fécondantes; et cette terre, si riche, n'a pas besoin de s'engraisser des épidémies de la misère. L'armée n'y a donc rempli que la moitié de sa victoire. Après avoir soumis les hommes, laissez-lui faire au sol la guerre productive; sa gloire n'y trouvera nul retard. Et qu'on se le persuade bien, les restes indomptés de l'hostilité africaine ne sont pas les plus grands adversaires de notre établissement. Nous avons dans la stérilité des grandes terres des ennemis plus durables et plus dangereux, qui longtemps ont fait, en grande partie, la force des premiers, en les rendant insaisissables, et qui, s'ils n'étaient vaincus à leur tour, rendraient les autres invincibles. Or, si les armées sont la plus grande force dont les sociétés humaines puissent disposer, parce que c'est une force organisée pour vaincre, et disciplinée pour persévérer, l'application intelligente de cette force, en temps de paix, peut transformer en instrument de vaste création un agent qui n'est guère, entre les peuples, qu'une cause de dépenses et de ruine.

Ces observations dont Paul Fabert reconnaissait partout l'impérieuse vérité, lui firent plus d'une fois se demander par quels secrets le maréchal triomphait pas à pas des innombrables difficultés qui entouraient son œuvre. Il ne pouvait s'empêcher d'admirer la puissance infatigable que déployait un tel homme, pour suppléer à l'insuffisance des ressources dont il dispose.

Au bout de six mois, il était parfaitement

apprivoisé avec le régime du sabre; parce que de l'aveu de tout le monde, le sabre n'était jamais sorti du fourreau que pour protéger. Il n'y a pas encore eu d'émeutes à Alger, où règne pourtant une autorité absolue, qu'en France on qualifie de tyrannie. Les bourgeois s'y gardent eux-mêmes, les gendarmes n'y sont point détestés comme à Paris. La police s'y fait au grand jour, dans l'intérêt commun, les soldats s'y promènent désarmés au milieu d'une fourmilière de gens de tout pays; chacun s'occupe de soi et laisse en paix ses voisins; quiconque en est revenu, désire y retourner; — n'est-ce pas significatif?

C'est en paraissant à l'improviste sur tous les points que le maréchal assure la domination actuelle, et enlève d'assaut les succès de chaque campagne. Quelle que soit sa confiance en ses lieutenants, il s'impose à lui-même une activité de surveillance incessante qui embrasse dans un seul cercle les intérêts de la guerre et ceux, non moins grands à ses yeux, du travail agricole.

On voit beaucoup de gens s'étonner que la même tête puisse être douée d'une égale supériorité dans l'art de détruire et dans celui de créer. On s'est imaginé, et beaucoup de gens se persuadent encore que M. Bugeaud n'est qu'un caporal parvenu ; nous avons ouï personnifier en lui plaisamment le type impérial du soldat laboureur ; et la caricature, qui l'avait travesti en geôlier de Blaye, avec le trousseau de clefs de Barbebleue et le large coutelas des ogres de Perrault, n'a rien vu de mieux ensuite que de lui retrousser les manches jusqu'au coude et de lui mettre en main la charrue; cette fois l'idée avait du vrai ; la caricature faisait, sans le savoir, amende honorable devant cet autre Cincinnatus.

Quant aux calomnies de Blaye, ceux qui

ont eu l'honneur d'approcher MADAME, après les jours de sa captivité, savent à quoi s'en tenir. Ceux qui connaissent la vie privée du maréchal et ses vertus de famille, l'ont aussi entendu parler de cette noble exilée avec une réserve trop pénétrée du respect qu'inspire le malheur, pour qu'ils puissent ajouter foi à des incriminations hasardées.

Le maréchal est trop rude, a une probité trop austère, un caractère trop facile à heurter, pour faire de l'adresse en politique, pour se dévouer en séïde à ce qui ne serait à ses yeux qu'un parti, bon ou mauvais; pour spéculer sur la popularité, pour tenir enfin compte d'un éloge ou s'inquiéter d'un blâme. Dans sa vie publique, il marche à la lumière du bon sens, laisse parler volontiers les opinions d'autrui, et les fond au creuset de sa longue expérience; les théories les plus merveilleuses se brisent comme des bulles de savon au choc de sa raison calme et froide. C'est l'homme de France qui, le moins soucieux des formes du discours, dédaignant de parer son langage des mignardises d'une élocution de rhéteur, use le plus et le mieux du dilemme, cette arme à deux tranchants qui tue sans précaution les baladins parlementaires.

M. Bugeaud a des ennemis, beaucoup d'ennemis, et il doit en avoir. C'est la condition des natures supérieures. L'invective a revêtu toutes les formes, elle a pris tous les masques pour s'attaquer à lui et trouver son côté vulnérable. Il semble que tant d'hostilités auraient dû aigrir son âme, et tatouer son visage des verdeurs du fiel. Eh bien! non : le maréchal a pour tout le monde un abord affable, des paroles obligeantes. Il refuse avec plus de grâce que cent autres n'en sauraient mettre à accorder; et quand il accorde, c'est que sa conscience et sa volonté du bien l'y convient également. Accessible à tous, il surprend ses ennemis eux-mêmes par la candeur de sa riche nature. Dernièrement, le rédacteur en chef d'une des plus plus puissantes feuilles de l'opposition était venu se promener à Alger. La curiosité la plus singulière du pays lui sembla devoir être ce gouverneur général que la presse a tant de fois attaché au pilori de ses haines. Il y avait du courage à venir droit à lui sur une terre où il règne en maître. Le journaliste porta bravement son nom chez le maréchal. Il fut admis aussitôt et se présenta comme un voyageur que la science avait amené pour quelques jours sur la côte d'Afrique. Le maréchal causa longuement avec lui de presse, de politique, de guerre et d'économie. Quand ils se furent séparés, Paul Fabert arriva.

— Connaissez-vous, lui dit le maréchal, M. ***? C'est donc un homme de lettres?

— M***, répondit Paul Fabert, est un adversaire des plus prononcés contre les choses d'aujourd'hui; son journal est en première ligne dans les rangs de l'opposition.

— Ma foi, reprit le maréchal, je lui ai dit ma façon de penser, sans m'informer de sa couleur politique. Je ne sais pas s'il reviendra, mais je lui ai, sans doute, fait beau jeu pour me déchirer à Paris.

L'écrivain ne revint pas; quinze jours plus tard il avait quitté l'Afrique. Mais le maréchal reçut de lui une lettre pleine des témoignages de la vénération la plus sentie. C'était un acte libre, qui fait honneur à deux hommes marchant chacun au grand jour dans la voie qu'ils se sont tracée. Si tous les écrivains allaient voir M. Bugeaud, ils reviendraient pressés de lui rendre plus de justice.

Le maréchal est un conteur attachant; dans

ses dîners d'intimité, car il hait l'apparat et la représentation, il se plait, au dessert, à raconter cent fois, et sous une forme toujours neuve, les épisodes des guerres de l'Empire auxquels il a assisté. Rien n'a plus de charme que de l'entendre au bivouac, raconter l'époque où il était simple grenadier dans les vélites de la Garde, en 1804. Son large front, couronné de cheveux blancs, et qui pourtant n'a pas une ride, s'anime au souvenir de ses vingt ans; le récit se colore sur ses lèvres de toute l'ardente poésie de ce beau ciel d'Espagne qui a rayonné sur tant de gloires françaises. Mais il ne parle point de ses propres faits d'armes; on ne l'a peut-être jamais ouï raconter celui qui prouve le mieux son patriotisme et son amour pour la liberté. En 1815, lorsque les alliés avaient déjà occupé Paris, un homme luttait encore, au pied des Alpes, pour la défense du territoire envahi. C'était le colonel Bugeaud, chargeant à la tête du seul 14e de ligne, une division de dix mille Autrichiens avec six pièces de canon, qui pénétraient par la Savoie, dans la vallée du Graisivaudan. Les Autrichiens après sept heures d'efforts contre un obstacle si faible, furent mis en pleine déroute, laissant quatre cents prisonniers au pouvoir du vainqueur et deux mille hommes sur le carreau. La mémoire de ce combat est populaire chez les Grenoblois. Le colonel Bugeaud s'était retiré à Excideuil, après la seconde Restauration. Ne pouvant rien pour son pays, il se mit au travail, cultivant la terre comme un soldat romain, en attendant de meilleurs jours. Il vécut ainsi quinze ans, obscur et oublié. Le coup de foudre de 1830 le réveilla dans sa retraite. Il quitta ses champs et sa modeste fortune, pour remettre son épée au service des libertés nationales, que menaçaient les armes étrangères. Appelé au commandement du 56e, il fut accueilli dans Grenoble par les sympathies d'un peuple qu'il avait préservé des maux de l'invasion. Lorsqu'en avril 1831, il fut promu au grade de maréchal-de-camp, ce fut un deuil pour son régiment qui l'adorait. Avant de le quitter, le général Bugeaud avait fait distribuer à chaque homme des petits drapeaux tricolores, naïf et touchant emblême du lien qui attachait le chef aux soldats, et ceux-ci à la patrie. Quand il passa la revue d'adieux, à un signal donné, tous les drapeaux furent arborés au bout des fusils : — l'effet d'une pareille scène se sent et ne s'exprime pas.

Le maréchal Bugeaud est respecté des colons, sans exception, parce qu'il est juste, impartial, et en quelque sorte paternel dans sa conduite envers eux. Les Arabes, qui ne se trompent guère, et qui ne déguisent pas leurs jugements, professent une haute estime pour sa fortune militaire qu'aucun revers n'a jamais compromise à leurs yeux, et pour sa fermeté, qui les maintient sans les opprimer. Les soldats ont en lui une confiance qui tient du fanatisme. C'est que leur bien-être l'occupe sans cesse; c'est qu'il évite avec un soin rigoureux de leur faire subir des fatigues inutiles; c'est qu'au feu, ils le voient, à cheval, à l'extrême avant-garde, payant de sa personne comme le dernier d'entre eux, et comme si les balles qui pleuvent ne le menaçaient pas de la même mort.

Au retour de ses expéditions le guerrier s'efface, l'administrateur succède à l'homme d'épée; les jours et les nuits s'écoulent à travers le dédale inextricable de mille travaux. Tout passe par ses mains; il est l'âme unique du petit monde qu'il a créé, et au milieu de tout cela, son seul bonheur, c'est de soustraire dès qu'il le peut, quelques heures à tant d'ennuis dont il se fait des devoirs, à tant de complications d'intérêts parmi lesquels une autre tête que la sienne se perdrait; et ces heures, ou plutôt ces minutes qu'il dérobe, tour-à-tour avare de temps et prodigue de sa veille, aux soins de la guerre ou aux mille et un tracas qu'on suscite de loin à son gouvernement, dont la machine est pourtant si simple et fonctionne si nettement; — ces minutes, il les donne aux affections de famille.

Son foyer a quelque chose de patriarcal et de religieux. Paul Fabert aimait à le visiter quelquefois, trop rarement à son gré, pour le charme qu'il y goûtait, tant était noble et pur le spectacle qu'il y retrouvait toujours, et l'accueil qui l'attendait. Dans un petit salon dont la décoration, d'un goût sévère, rappelle les châteaux du moyen-âge, le gouverneur occupe un grand fauteuil au coin de la cheminée; Madame la maréchale, assise à l'autre coin, fait courir l'aiguille sur de charmants ouvrages de femme qui doivent décorer l'autel d'une mosquée devenue chrétienne, ou figurer dans une loterie dont les produits iront soulager des misères cachées. Mademoiselle Bugeaud, belle et gracieuse enfant, partage avec sa mère les soins d'une délicate charité; et la comtesse de Bar, qu'on voit aussi partout où il y a une souffrance à adoucir, vient presque chaque soir prendre place dans ce cercle de pieuses affections. Chacune de ces dames raconte au maréchal, non le bien qu'elle a fait, mais celui qui le ferait bénir. Dieu seul et les pauvres ont le secret de tant de nobles choses qui s'accomplissent dans ces réunions si douces, dans ce petit salon au seuil duquel expirent l'écho lointain des armes et les soucis de la politique.

C'est ainsi que nos villes d'Afrique ont vu s'élever dans leur sein des asiles pour les enfants que l'indigence des colons a laissés orphelins; des secours pour les bras sans travail; des lieux de refuge contre toutes sortes de dangers et de douleurs. C'est de sa fortune privée que le maréchal soutient autour de lui, sans compter, tant de bonnes œuvres que le budget n'a pas assez prévues et pour lesquelles le conseil colonial manque à chaque instant de ressources. Et ceci n'est pas une vaine louange ; — en débarquant à Alger, interrogez les gens d'Europe, et les Arabes eux-mêmes, — vous ne trouverez pas l'ombre d'un démenti.

Voilà le régime du sabre, tel qu'il apparut à Paul Fabert ; voilà tout ce qu'il en entendit raconter sur la terre d'Afrique. Quelques individus pourtant glosaient à leur manière ; Paul Fabert, informations prises, reconnut quelques ingrats qui voulaient soulever une tempête dans un verre d'eau. Il se souvint alors de la fable des grenouilles qui demandent un roi.

VII

> Nous contemplons une sauvage contrée hérissée de pics escarpés et grisâtres, entrecoupée de profondes crevasses et de vallons solitaires.
>
> COWPER ROSE.

Le Pâté de Bougie.

Au-delà des belles rives de l'Isser, qui bornait encore, il y a cinq mois, l'espace dominé par nos armes, à l'est de la province d'Alger, s'étend une région fortement accidentée, et sillonnée de cours d'eau, — torrents l'hiver, ou frais ruisseaux l'été, — qui fertilisent mille vallons.

Ce territoire, dont les cultures des Krachenas et les champs verts de Sebaou donnent par avance une idée si riche, forme un quadrilatère inégal dont le sommet tronqué s'appuie vers le sud-sud-est, sur la chaîne neigeuse du Djebel Djerjerah, la Montagne de Fer des Romains. Sa base s'élargit, en contournant les plages qui serpentent du promontoire de Dellys jusqu'au pied du Gourayah, dont les crêtes abruptes dominent Bougie.

Le côté du couchant est fermé par l'Isser; à l'est, L'oued-bou-Messaoüd descend, entre deux haies de lauriers roses, des pentes de l'Atlas, et se perd dans le golfe de Bougie.

Plus loin, vivent encore des montagnards d'une race sauvage et indépendante. Plus loin s'étendent, jusqu'à Stora, des côtes inhospitalières, Djidjeli, Collo, funestes écueils où la barbarie a dévoré tant de naufrages. Un jour, sans doute, nous serons maîtres de ces rivages encore menaçants ; — mais pour être durable, il faut que la conquête soit lente et marche avec le temps. Quatorze siècles d'indépendance ne tombent pas au premier coup de canon. Nous avons énergiquement sondé cette muraille de granit que l'on appelle, en Afrique, le *pâté* de Bougie. La brèche est large : c'est à nous de ne plus permettre qu'elle soit fermée, car derrière elle se creuse la route où nos drapeaux passeront demain.

Nous n'avons pas d'histoire des populations primitives de ces contrées presque mystérieuses. Hérodote a fait un catalogue des tribus de l'Afrique septentrionale, mais il n'appuie ce stérile document sur aucune étude de leur origine, et il n'en raconte que des fables. Strabon qui écrivait après lui ne satisfait pas mieux aux recherches de la science. A l'époque des splendeurs de Carthage, qui s'appelait Karkêdôn au temps de Polybe, il existait une histoire dont

Salluste a cité, quelque part, l'auteur Hiempsal. Ce souvenir est tout ce qui nous en reste; les produits de la civilisation carthaginoise furent dévorés par l'incendie de cette malheureuse ville, et Salluste fut réduit, comme les autres, à des hypothèses. Procope, chroniqueur byzantin du sixième siècle, crée à son tour un système d'origines, mais nulle part la vérité ne se fait jour. C'est donc à l'aspect seul des régions africaines, c'est à l'examen de leur état géologique qu'on peut demander quelques révélations des secrets du passé. Nous voyons ce pays partagé en trois zônes presque parallèles à la côte. La première, celle des plages maritimes, tirait sa vie des relations extérieures; la seconde embrasse ces plaines que fécondent les eaux de l'Atlas; qui furent, aux vieux siècles, les greniers de l'Italie, et qui promettent à la civilisation moderne des richesses agricoles égales à leur antique prospérité. La dernière zône s'ouvre à ces caravanes qui viennent échanger les produits de l'industrie barbare contre les fruits de la terre que la nature leur a refusés.

Deux races autochtones bien distinctes occupaient donc, aux temps les plus reculés, les deux zônes intérieures : — Les nomades, peuple pasteur, parcouraient en tout sens la région du désert ; — un peuple agriculteur habitait la zône des plaines ; — les bords de la mer attiraient les colonies étrangères qui, à différentes époques, se détachèrent de l'Orient.

Lorsque fondirent successivement ces nombreuses émigrations d'étrangers qui ont bouleversé tant de fois les races du nord de l'Afrique, ces envahisseurs ne s'étendirent pas à une grande distance des côtes ; les habitants primitifs refluèrent dans les zônes méridionales. Les enfants de la mer de sable conservèrent, par leur mobilité qui les rendait insaisissables, la jouissance de l'espace ; la vie nomade les protégeait mieux que n'eût fait la résistance. Ceux qui vivaient du labeur agricole gagnèrent pied à pied les hauteurs ; — étouffés dans la plaine, ils se relevèrent sur l'Atlas, comme au sein d'une fortification naturelle.

Les conquérants romains et ceux qui vinrent après eux traitaient de barbares ces fugitifs. Quant au dix-septième siècle de notre ère, les Arabes venus de l'Est, inondèrent les vastes régions du Maghreb, et dispersèrent aux vents du ciel les débris de la puissance romaine que les Vandales avaient un moment continuée ; quand leurs innombrables cavaliers succédant aux cavaliers Numides furent maîtres de la plaine, les retraites de la montagne où la défense était plus aisée, où la nature protégeait les derniers vaincus, abritèrent, sous leurs ailes de pierre, ce qui restait des Vandales et des familles indigènes échappées aux désastres de la guerre. Le flot arabe brisa sa fougue autour des mille crêtes de l'Atlas, et l'immense blocus des montagnards s'est immobilisé jusqu'à nos jours, comme la haine qui se perpétuait entre la race conquérante et la race vaincue.

Nous avons réuni, sous la dénomination générale de Kabyles, toutes les tribus qui habitent les montagnes de l'Algérie. Ils occupent toute la chaîne du petit Atlas, depuis la frontière de Tunis jusqu'au fond du Maroc. Ils sont de taille moyenne, mais plus fortement musclés que les Arabes. L'expression de leurs visages, d'un brun noirâtre, a quelque chose de féroce. Ils vivent sous des huttes de roseaux enduites de terre grasse à laquelle ils mêlent un peu de paille. Les riches ont des cabanes bâties en pierres brutes, superposées et liées avec art. Ces cabanes sont tantôt isolées, et plus souvent groupées en village, de forme généralement carrée, avec une place au milieu. Ils conservent dans des trous coniques appelés *silos*, les grains, les légumes et les fruits. Ceux qui habitent les villages tiennent en réserve leurs provisions dans des jarres faites de terre glaise séchée au soleil et qui ont cinq ou six pieds de haut. Ces jarres sont rangées le long des murs, ou appuyées contre des poutres, et retenues par des cercles de fer placés, l'un au milieu, l'autre à la partie supérieure du vase. — L'ameublement des habitations se compose de deux pierres pour écraser les grains, de quelques paniers ou *couffins* grossièrement tressés, de pots de terre, de nattes de jonc, et de peaux de mouton qui leur servent de tapis et de couvertures. Les lits sont des estrades de pierre revêtues de plâtre. L'intérieur des cabanes est blanchi à la chaux, ce qui n'empêche guère les ravages de la vermine, dans des espaces étroits, presque privés d'air, et où bêtes et gens ne sont guère séparés que par des cloisons de paille.

Les villages kabyles n'ont point de mosquées, mais de distance en distance on rencontre des tombeaux de marabouts qui sont des lieux vénérés, et des rendez-vous de pèlerinage. Ce nom de marabout est donné à des hommes réputés par leur science et leur pitié, qui vivent à l'écart, dans une retraite assez semblable à celle de nos moines. Ces personnages, honorés pendant leur vie, sont après la mort l'objet d'un culte fanatique. Leur dépouille est ensevelie avec cérémonie dans un pavillon carré, surmonté d'un dôme rond, construit en maçonnerie, et revêtu d'une couche de chaux. La superstition attribue à ces lieux sacrés des vertus différentes. On se rend aux uns pour demander la prospérité des troupeaux; à d'autres celle des récoltes, ou les succès de la guerre, ou la fécondité des femmes.

Le costume des Kabyles ressemble à celui

des Arabes. Ils portent le haïk, grande étoffe de laine dont ils s'enveloppent, et qu'ils fixent autour de la tête par une cordelette en laine ou en poil de chameau. Par-dessus ils jettent le burnous, manteau fait aussi d'une seule pièce de laine blanche ou brune, avec un capuchon décoré de houppes de soie. Ils marchent ordinairement jambes et pieds nus; les riches ont des babouches, et les chefs des bottes en cuir rouge, armées de longues broches de fer qui leur servent d'éperons.

La sobriété la plus rigoureuse assaisonne leurs aliments grossiers. Le kouscoussou, pâte de riz ou de froment, rarement mêlée à des morceaux de mouton ou de volaille, forme leur ordinaire. Les plus pauvres se contentent de galettes de blé ou d'orge et de quelques fruits; tous boivent de l'eau, quoique le raisin ne soit point rare chez eux.

L'industrie de ce peuple se borne à peu de

produits. Ils savent travailler le fer, fabriquent des fusils, de la poudre et des balles pour la guerre ou pour la chasse, et quelques instruments aratoires. Ils connaissent aussi une manière particulière de tremper l'acier dont nous n'avons pas le secret ; on trouve chez eux des fabriques de couteaux, de sabres et d'autres instruments tranchants de forme très simple, mais d'une excellente qualité.

Les femmes aident leurs maris aux travaux des champs, et dans leur temps de loisir, elles tissent des étoffes de laine.

La principale culture est celle des figuiers et des oliviers ; les Kabyles font avec les villes et surtout Alger, un commerce assez considérable d'huiles, de cire, de fruits secs et de savon noir. Leur richesse consiste en bestiaux ; mais ils n'ont point de chameaux et fort peu de chevaux.

Ces populations extrêmement belliqueuses,

n'ont jamais été soumises aux Turcs ni aux Arabes. Elles se font de tribu à tribu des guerres continuelles pour des motifs les plus frivoles. Les guerriers vont à la guerre, armés d'un long fusil, et de cimeterres appelé *flissas* du nom de la tribu qui les fabrique. Chaque tribu a son drapeau, porté par le plus brave de ses enfants; mais aucune tactique ne dirige ces rassemblements confus d'hommes doués d'une grande bravoure individuelle. Ils attaquent en désordre, et en poussant de grands cris sauvages; si leur premier choc est repoussé, ils se retirent pêle-mêle dans leurs rochers inaccessibles d'où ils harcèlent le vainqueur, qui paie souvent fort cher un triomphe inutile.

Les Kabyles, malgré leur antipathie pour les Arabes, n'avaient pas vu sans inquiétude les progrès de la conquête française. Les tribus nombreuses qui habitent à l'est de la Mitidjah jusqu'à Bougie, et depuis la Méditerranée jusqu'aux derniers contreforts du Djerjerah, se sont toujours montrées les plus redoutables; et l'on avait senti, qu'avant de forcer leurs repaires inconnus, il fallait assurer partout notre domination, traversée ou retardée par tant de vicissitudes.

Après dix ans de travaux, de combats sanglants qu'il fallait recommencer chaque jour, après d'immenses sacrifices d'argent et de soldats, notre conquête africaine ne se trouvait, à la fin de 1840, avancée et consolidée nulle part. Seulement, une portion de la province de Constantine, que les prôneurs de l'état de choses gratifiaient du titre d'Eldorado, était soumise et nous payait de faibles tributs; mais, en réalité, le terrain nous était partout disputé par ceux même que nous en privions en partie. La question militaire devenait donc une question de vie ou de mort. Il s'agissait de trancher le nœud gordien, sous peine de perdre, un à un, tous les fruits de tant d'efforts, et de nous voir, tôt ou tard, expulsés de l'intérieur, et peut-être même du littoral. On avait discuté tour-à-tour le système de l'occupation restreinte et celui de l'occupation purement maritime. L'un et l'autre étaient applicables dans le principe, alors que les tribus arabes ne formaient que des communautés isolées, divisées entre elles par de vieilles rivalités et des conflits sans cesse renaissants. Une politique habile aurait pu les tenir en échec, et nous donner le temps d'ouvrir avec elles des relations qui, en leur insinuant nos goûts et nos besoins, en diminuant par les échanges du commerce leur aversion pour les chrétiens, devaient ménager, pour l'avenir, l'accomplissement de plus vastes projets. Mais emportés par une fougue irréfléchie, nous avons d'abord pénétré dans les terres, presque au hasard, sans notions géographiques, sans nulle étude préalable, et avec des moyens trop insuffisants, d'ailleurs, pour exécuter les moindres plans, si nous en avions eu; dès lors, l'état d'hostilité s'est compliqué de toute part. Nous avions voulu, avec peu de troupes mener de front la conquête et la colonisation. Nous avions occupé presque toutes les villes de la côte, et quelques-unes dans l'intérieur; nous avions établi, pour *protéger* la culture, des camps et des postes qui, impuissants à protéger, paralysaient nos forces actives, et voyaient périr nos soldats. De cette guerre molle, incertaine, improductive, a surgi tout-à-coup un adversaire formidable, qui, créant une nationalité arabe depuis les monts Djerjerah jusqu'à la lisière du Maroc, s'est vu rapidement des troupes régulières, des postes fortifiés, des fabriques d'armes et de poudre, une monnaie, un système d'impôt et de recrutement; et un pouvoir improvisé, qui, tout incomplet qu'il fût, fonctionnait énergiquement.

En présence de ce fait, nous n'avions plus d'autre alternative que la conquête prompte, irrésistible, ou l'abandon. Nous avions dépensé en Algérie près d'un milliard, nous y avions enterré cent mille hommes; donc, il fallait vaincre, et sans retard, car notre intérêt financier était ici d'accord avec la politique. Les guerres longues, les demi mesures ruinent les nations et compromettent les gouvernements. Plus on presse la guerre, moins on prodigue les bras et l'argent. Eh bien, cette guerre décisive a été résolue; le général Bugeaud, connu par son passé militaire, était signalé comme l'homme dont l'activité et la fermeté se proportionnaient le mieux aux besoins du moment. Il fut investi du gouvernement général.

Aussitôt le pays, avide de résultats, demanda à l'intelligence du chef et au courage du soldat, de faire presque des miracles; et certes de toute part satisfaction fut donnée à l'impatience nationale. La situation de nos affaires changea dès l'arrivée du nouveau gouverneur. Grâce à la mobilisation immédiate de nos troupes, à la suppression des postes multipliés qui ruinaient la force de notre effectif; et grâce à la décision vigoureuse avec laquelle fut poussée sur tous les points la guerre offensive, Abd-el-Kader, notre insaisissable ennemi, d'agresseur qu'il avait été si longtemps, se vit bientôt réduit à se défendre. A la fin de 1842, la province de Titteri était soumise et organisée jusqu'au désert. Au-dessous de Milianah, toutes les tribus de la vallée du Chéliff reconnaissaient notre autorité. Presque tous les Kabiles, à l'Ouest d'Alger, entre Cherchell et Ténès, avaient cessé de se montrer hostiles. Une égale sécurité règnait dans le carré formé par les villes d'Oran, Tlemcen, Mascarah et Mostaganem. Des ponts se créaient sur tous les cours d'eau importants, pour assurer nos communications. Les soldats travaillaient partout à des routes stratégiques. Notre domination avait gagné en étendue et en sécurité.

Au commencement de 1843, Abd-el-Kader reparut sur le Chéliff, et rassembla trois mille Kabyles. Le général Bugeaud les défit, et malgré les difficultés de la saison, les torrents débordés, les montagnes presque impraticables, l'émir fut acculé par notre armée jusqu'au pied du mont Gourayah, et la soumission se rétablit. Dans la province de Constantine, quelques expéditions bien dirigées par le général Baraguay-d'Hilliers, contre les Kabyles de l'Edough, éclaircirent les voies de communication entre Constantine, Bône et Philippeville. Le 4 mai, le duc d'Aumale s'empara de la smalah d'Abd-el-Kader, aux environs de Taguin, et fit quatre mille prisonniers. Au mois de juin, le gouverneur-général soumit, par une rapide attaque, les montagnes de l'Ouarensenis, et enfin, le 11 novembre, le combat de l'oued-Malah, dans lequel Sidj-Embareck, le plus brave et le plus dévoué des lieutenants d'Abd-el-Kader, périt sur les cadavres des derniers réguliers de l'émir, réduisit ce chef aux abois à se réfugier sur une sorte de terre neutre, entre la frontière du Maroc et les déserts du sud.

Le maréchal Bugeaud se souvenait que le plus grand nombre des Kabyles, qui vinrent au secours du dey d'Alger, étaient descendus des pentes du Djerjerah, à la suite de Ben-Zahmoun, le plus redouté des chefs de la montagne. Ben-Zahmoun nous avait fait longtemps une guerre acharnée. Cet ennemi redouté n'existait plus, mais ses guerriers n'attendaient qu'un signal pour reparaître dans la Mitidjah. Chez eux reposait la dernière ressource d'Abd-el-Kader, et le dernier lieutenant de l'émir, Ben-Salem y avait planté son drapeau. Le maréchal ne se dissimulait pas que tant que la mémoire d'Abd-el-Kader aurait des partisans presque aux portes d'Alger, il serait difficile de vaquer avec la sécurité nécessaire aux travaux de la colonisation qui, chaque jour, tend à faire un pas de plus. Il fallait livrer à la guerre intérieure son dernier aliment, ou se résoudre, par d'imprudentes hésitations, à laisser l'ennemi préparer, dans l'ombre, de nouveaux moyens d'agression.

Toutefois, malgré le succès qui avait constamment couronné les expéditions du maréchal, le gouvernement s'alarma du projet de soumission des Kabyles de l'est. Ce fameux *pâté de Bougie* prit tout-à-coup des proportions fabuleuses; le maréchal avait demandé quelques renforts; les chambres eurent une panique dont le pouvoir ne resta pas exempt. Châque Kabyle devint un Goliath, et il ne se trouva pas en France un David qui osât proposer de lui décocher un coup de fronde. Au lieu d'accorder un renfort, on mit sur le tapis législatif un projet de réduction pour l'effectif de l'armée.

Mais les tergiversations des phraseurs ne menaient point les affaires. Le maréchal était informé chaque jour que les intrigues d'Ad-el-Kader n'avaient point cessé, malgré ses derniers revers et le presque anéantissement de son pouvoir. Ben-Salem, voyant notre domination à peu près bornée à l'Isser, prenait notre immobilité pour de la couardise. Il exaltait aux yeux des Kabyles leur vieille indépendance, leur nombre et leur bravoure, comme trois causes d'un mortel effroi pour nous. Une nouvelle fermentation se propageait d'un village à l'autre. Les marabouts colportaient des prophéties qui nous menaçaient d'affreux malheurs dont l'heure allait sonner. Les guerriers préparaient leurs armes, et cette population flottante de Kabyles que le commerce et l'appât du lucre avait attirée à Alger, décroissait tous les jours.

Rester davantage inactif, c'était se créer des embarras qu'un coup de main aurait pu épargner. Le maréchal est homme de prévision, et longtemps avant de laisser deviner ses desseins, il avait ordonné des études sur les forces de nos derniers ennemis et sur la topographie des lieux où ils se croyaient à l'abri de notre visite.

Un homme qui a rendu d'importants services, par sa connaissance des idiômes africains et par son habilité dans les travaux qu'a exigés l'organisation politique des Arabes, au fur et à mesure des soumissions obtenues, le colonel Daumas préparait avec un soin discret les matériaux nécessaires à l'expédition. Tous les jours, soit par lui, soit par des officiers intelligents, attachés sous ses ordres à la direction centrale des affaires arabes, les Kabyles qui passaient la porte Bab-Azoun, étaient interrogés séparément sur les points dont la connaissance nous importait. Leurs renseignements contrôlés les uns par les autres, leurs indications notées sur-le-champ, et l'exactitude de ces documents justifiée par la majorité des réponses, créait une sorte de géographie historique des montagnards de l'est, et les fruits que nous en avons tirés prouvent que cette besogne délicate avait été bien faite.

Nous apprîmes par ce moyen que les Kabyles de l'est formaient de grandes tribus, divisées par fractions; que ces fractions étaient liées par une sorte d'association républicaine, qui se rapproche sous plusieurs points de celle des cantons suisses; que ces populations éminemment guerrières par l'austérité de leur vie, étaient attachées au sol par les intérêts de la culture sédentaire; et que les relations créées par leur soumission successive pouvaient ouvrir à nos produits des débouchés considérables. Il était d'ailleurs évident que pour coloniser la Mitidjah, pour étendre nos établissements jusque dans les riches vallées qui avoisinent leurs montagnes, il devenait indispensable de faire reconnaître à ces Kabyles notre supériorité, notre volonté ferme d'obtenir, à tout prix, la sécurité et le libre parcours.

Longtemps avant de décider sa visite aux peuples du Djerjerah, le maréchal leur avait adressé une proclamation pacifique.

« Un grand nombre d'entre vous, leur disait-il, ont été séduits par de fausses promesses, et entraînés malgré eux dans une guerre qui leur devient de jour en jour plus préjudiciable, et dont ils attendent impatiemment le terme. Je serai indulgent et bon envers ceux qui se repentiront avec franchise et sincérité ; mais je me montrerai intraitable et sans pitié pour ceux qui persévéreront dans la malveillance et la rebellion. Abd-el-Kader a fait preuve de mauvaise foi et de trahison; je ne prendrai de repos qu'il ne soit ruiné et anéanti, dussé-je le poursuivre jusque dans les sables du désert. Vous avez eu à souffrir de ses exactions et de ses cruautés; plusieurs de vos tribus ont même refusé de reconnaître son autorité. Voici le moment de secouer le joug qu'il a prétendu vous imposer. Il a rompu vos relations commerciales, il a exigé de vous des amendes considérables. Et de quel droit? et à quel titre? Cultivez en paix vos terres, échangez vos produits. Cette dernière situation ne vous semble-t-elle pas préférable? — Il ne me serait pas difficile de parcourir vos plaines et de pénétrer dans vos montagnes, si vous m'y contraïgniez par des démonstrations hostiles. Les défilés des Beni-Aïcha et les sentiers de Cherob ne sont pas inconnus aux Français. Rappelez-vous le combat de Drane; interrogez les Beni-Djounad, ils vous en donneront des nouvelles. J'irai bien plus loin quand j'en prendrai la résolution. Malheur alors à vos troupeaux, à vos arbres, à vos champs, à vos habitations, qui ont été préservés depuis trois ans! Mais, s'il plaît à Dieu, il n'en sera pas ainsi, vous ne me réduirez pas à cette extrémité. J'ai d'autres intentions que Dieu m'a inspirées dans l'intérêt de tous; je vais en commencer l'exécution: j'ai déjà donné l'ordre à mes soldats de quitter le camp du Fondouk; je ne veux pas vous révéler encore tous mes projets, l'avenir vous les fera connaître; c'est à vous de ne point leur donner une fausse interprétation. Gardez-vous donc d'écouter des insinuations perfides et de concevoir des espérancces dont le passé doit vous faire comprendre toute l'illusion. Ne soyez plus insensés, et reconnaissez enfin le doigt de Dieu qui nous protége et nous a choisis entre toutes les nations pour vous délivrer du despotisme et de l'anarchie, et vous rendre heureux. Que son nom soit glorifié et béni ! Adieu. »

Cet avertissement resta sans suite. Lorsqu'il fut démontré par tous les renseignements qui nous arrivaient, que l'heure était venue de prendre une attitude décisive, le maréchal eut recours, une fois encore, à la voie des négociation. Autant il a de fermeté pour vaincre la résistance, autant il lui répugne de se voir réduit, même envers un ennemi, aux cruelles nécessités de la dévastation. Comprenant bien que Ben-Salem était l'unique instigateur des mouvements qui s'organisaient, il renouvela sa proclamation, en termes dont l'énergie ne laissait plus aux Kabyles le prétexte de l'ignorance. Il somma les Ameraouas et la grande tribu des Flissas, de chasser de leur territoire l'ex-kalifah de l'émir fugitif. « Vous voyez bien, leur écrivait-il, qu'Abd-el-Kader, lui-même, n'a pu résister davantage. Songez donc à vos véritables intérêts ; cessez de vous confier aux vaines paroles de Ben-Salem, qui vous conduit comme des aveugles, à une ruine inévitable, et qui vous abandonnera quand il aura accumulé sur vos têtes tous les maux de la guerre. »

Le silence des montagnards ne permettait plus de douter de leurs dispositions. Le maréchal se passa des renforts qui n'arrivaient point, réunit sept mille hommes, et se mit en route.

VIII

> Chrétien, au seul mot de guerre, nos chevaux hennissent de joie; nos femmes et nos enfants n'y songent qu'avec enthousiasme. Viens donc avec tes mercenaires, et le cri du combat des hommes libres te répondra.
>
> ABD-EL-KADER.

De la Maison-Carrée à Bordj-Menaïel.

La veille du départ, Paul Fabert venait offrir au maréchal ses vœux pour le bon succès de la campagne.

— Monsieur Fabert, lui dit le maréchal, puisque vous avez été militaire, et que vous commandiez, m'avez-vous dit un jour, une compagnie de partisans dans l'armée de Zumalacarréguy, vous devez savoir un peu faire la guerre de montagnes. Si l'auteur n'a pas étouffé en vous le soldat, et si vous vous souvenez passablement de la manière de casser au bivouac un morceau de biscuit, je vous autorise à suivre l'armée. Nous allons chercher la soumission de peuplades qui n'ont jamais vu d'étrangers passer le seuil de leurs murs de rochers; si cette promenade peut vous intéresser, soyez à cheval demain, au point du jour : — je vous donne rendez-vous pour neuf heures, à la Maison-Carrée.

Paul Fabert bondit comme un lion de l'Atlas. Ses apprêts furent bientôt terminés, il fit son testament. Comme il n'avait ni rentes, ni héritiers, il voua dans son cœur, toutes les gouttes de son sang à l'homme qui lui offrait l'hospitalité du péril, et légua son souvenir à ses amis.

M. de Garraube lui prêta une couchette de

campagne; le capitaine Guilmot, la moitié de sa tente, et le lendemain, samedi, 26 avril 1844, notre héros en costume de guerre, sortait d'Alger par la porte Bab-Azoun, à 6 heures du matin, et suivait au petit pas de son cheval les grèves sinueuses de la rade, en songeant à l'imprévu de sa destinée.

Les pluies qui tombaient presque sans relâche, depuis plus d'un mois, présageaient une campagne pénible. Ce matin le ciel était sombre; de gros nuages plombés se traînaient lourdement sur les collines du Sahel; des lambeaux de brume flottaient le long de la mer, et un vent presque glacé, secouant le panache vert des palmiers, en faisait ruisseler des myriades de perles humides.

A un quart de lieue d'Alger, on laisse à gauche le fort Bab-Azoun, construit en pierres de taille et percé de crénaux qui observent la mer; du côté de terre, il est dominé par la colline qui porte le château de l'Empereur. Plus loin, à droite, le chemin passe devant les écuries de l'Agha des Janissaires qui avait, tout près de là, une magnifique maison de plaisance. A quelque distance, et sur le bord de la mer, on rencontre deux grands bassins qui servaient d'abreuvoir pour la cavalerie turque.

Au-dessous de ce point, la route se bifurque; la ligne de droite conduit à Blidah, Médéah, Milianah; celle de gauche mène à Constantine, en suivant jusqu'à l'embouchure de l'Arrach une plage de sable qu'armaient six batteries. Le Sahel d'Alger se couvre à droite de maisons de campagne parsemées au milieu de riche cultures; puis tout-à-coup la route se hérisse de broussailles, le site redevient sauvage, la solitude reprend ses droits.

L'Arrach, coule dans une large coupure de collines qui s'étend de la mer jusqu'à la Mitidjah. Ses bords, sur beaucoup de points paraissont escarpés, son lit coule parmi des lauriers roses, et des arbrisseaux qui atteignent des proportions vigoureuses. La route le franchit sur un pont de soixante mètres solidement construit sur dix arches. A l'autre bord s'élèvent quelques habitations, village en germe que commande une colline agreste et d'abord difficile sur laquelle se déploie un vaste bâtiment, où l'Agha entretenait 2000 cavaliers, qui servaient à recouvrer l'impôt parmi les douairs de la Mitidjah, et, jusque chez les Kabyles. La Maison-Carrée, nous l'avons nommée ainsi à cause de sa forme, contient de vastes écuries, et le pourtour intérieur de ses murs porte au-dessus de ses longs cloîtres des chambres de soldats qui prennent leur jour sur la cour, et n'ont du côté de la campagne que d'étroites ouvertures, percées de distance en distance pour surveiller la plaine.

Le terrain qui entoure la Maison-Carrée

forme une lande chargée de bruyères et de fourrés épineux. Au-delà commencent les marais de la Mitidjah, lacs voilés de hautes herbes, qui dorment au loin bercés par les souffles du désert.

L'armée campée en avant de la Maison-Carrée, se divisait en trois colonnes; celle du centre, avec laquelle devait marcher le Gouverneur, était commandée par le colonel Schmid du 55e. Elle réunissait deux bataillons du 26e sous les ordres du lieutenant-colonel Guériman; un bataillon de Zouaves, lieutenant-colonel Chasseloup-Laubat; un bataillon du 55e; une compagnie de chasseurs d'Orléans, et deux cents chasseurs d'Afrique, conduits par le colonel De Bourgon.

La colonne de droite, aux ordres du général Gentil, se composait de deux bataillons du 5e léger, colonel Gachot; deux bataillons du 58e, colonel Blangini.

La colonne de gauche, commandée par le général Korte était formée par les trois bataillons du 48e, colonel Regnault ; et par le bataillon de tirailleurs indigènes, commandant Vergé.

L'artillerie, dirigée par le chef d'escadron Liautey, avait amené quatre obusiers de montagnes, pour servir sur tous les points. Un détachement de spahis commandé par un jeune officier plein d'ardeur, M. Merlet, faisait aussi partie de l'expédition.

Le train des équipages militaires, le lugubre attirail des ambulances, et les bagages des subsistances de l'armée, complétaient le matériel préparé en un clin-d'œil pour la rapide campagne que le maréchal allait ouvrir.

Tous les visages étaient joyeux. Les chants nationaux faisaient vibrer les airs et conjuraient le mauvais temps. — Mahomet est *de semaine* pour nous faire enrager, s'écriaient les soldats; mais dans huit jours, nous mangerons la soupe des Marabouts.

Depuis la veille, tout Alger s'était porté à la Maison-Carrée pour assister au départ de l'armée. Les dames bravant le déluge de ce malencontreux mois d'avril, avaient mis leurs parures de fête. Les riches avaient fait dresser de petites tentes; les pauvres avaient bivouaqué devant des feux de broussailles : ou plutôt il n'y avait ni riches, ni pauvres, il n'y avait que des Français accourus pour saluer le premier pas d'une armée chargée de victoires, et qui allait avec enthousiasme planter ses drapeaux sur des hauteurs où jamais nation, depuis les temps antiques, n'avait pu pénétrer. Des récits merveilleux circulaient de bouche en bouche; la légende s'improvisait de tous côtés, tragique ou bouffonne, et s'achevait au milieu de hourras de victoire.

Tout-à-coup un cavalier arrive au camp à franc étrier; — le maréchal, en voiture, passe le pont de l'Arrache !

L'artillerie tonne, tout le monde court à son rang ; les régiments sous les armes forment la haie ; les chevaux impatients caracolent sur la bruyère ; un roulement de tambours s'étend sur toute la ligne, les fanfares lui succèdent, et les drapeaux saluent.

Au dernier coup de canon, un brillant cortège défile au grand trot sur le front de bandière. La milice à cheval forme l'escorte d'honneur du maréchal ; puis s'avance le colonel Daumas, entouré de ses mekhalias, le fusil haut, le burnous flottant. Derrière cette troupe orientale vient la calèche du maréchal, que madame Bugeaud et sa fille ont voulu accompagner. Les principaux fonctionnaires d'Alger ferment la marche, avec un dernier peloton de miliciens.

Au moment où le maréchal mit pied à terre, les nuages qui couvraient le ciel s'entr'ouvrirent comme par magie, et le soleil versa un fleuve d'or sur le camp. Un immense cri de joie s'éleva de toute l'armée. Le soleil d'Austerlitz était toujous le soleil de France; — aujourd'hui c'était le soleil du Djerjerah, — bientôt ce devait être le soleil d'Isly.

L'ordre fut donné de déjeuner, et de s'apprêter pour le départ.

Paul Fabert, invité de tous côtés à partager le premier festin du bivouac, accepta celui du colonel Pélissier, chef d'état-major général de l'armée. Il reçut sous sa tente les vœux de deux belles dames de la haute société d'Alger, qui peut-être, en feuilletant ce volume, daigneront lui accorder un fugitif souvenir.

Bientôt le signal du départ fut donné par l'éclat des tambours. Le moment des adieux fut plein d'une indéfinissable mélancolie. Tous partaient pleins de joie ; mais tous ne devaient pas revenir.

La maréchale éprouvait de nouveau ces vives alarmes, renouvelées tant de fois ; et pourtant la séparation fut, aux yeux de la foule, calme et digne. Le maréchal souffrait plus que personne de cette tristesse de famille qu'il lui fallait laisser derrière lui, et de la nécessité que le devoir lui faisait de cacher son émotion. On vit, avec respect, quand il se détourna après le dernier adieu, une grosse larme trembler malgré lui au bord de sa paupière. Cet homme, de tant de cœur et de fermeté, pleurait intérieurement.

A onze heures, les tentes étaient abattues, roulées et chargées. L'armée s'ébranla. Le colonel Daumas, avec ses Arabes, devança l'avant-garde pour guider la marche, et Paul Fabert se joignit à lui pour goûter, dans toute leur plénitude, les premières impressions que cette poésie guerrière commençait à réveiller dans son cœur.

La route, au bout d'un quart de lieue, s'enfonça dans les marais dont les fatales exhalaisons repoussent encore les riches travaux que la colonie étendra un jour sur les vastes champs de la Mitidjah.

Craignant de laisser trop souffrir les soldats dans cette marche difficile, le maréchal fit remonter vers le nord, pour gagner un meilleur terrain, et fit halte à trois lieues de la Maison-Carrée, sur des prairies de la plus belle végétation, qui s'étendent le long de l'Hamis. Des pâturages dont l'herbe grasse croît avec une vigueur inconnue chez nous, tapissent, à perte de vue, ce sol admirable où les deys d'Alger envoyaient au vert les chevaux de leur cavalerie. Le maréchal, qui songe sans cesse à coloniser au milieu des soins de la guerre, observa, en contemplant cette merveilleuse fertilité de l'Haouch-el-Bey, qu'on y pourrait rassembler avantageusement tous les troupeaux qui servent à la consommation d'Alger.

La soirée fut occupée par l'établissement d'un pont volant, jeté sur l'Hamis, pour le passage de l'infanterie.

Le lendemain, 28 avril, l'armée se remit en marche, dès cinq heures du matin. La plaine, au-delà de la rivière, était plus effondrée que jamais. Les hommes à pied marchaient dans l'eau jusqu'aux genoux.

On franchit de bonne heure l'Oued-Boudouaou, qui serpente dans une vallée profonde dont la fertilité ne le cédait en rien à celle des bords de l'Hamis.

La grande halte se fit dans une vaste clairière encaissée par des collines fleuries. Pendant le repos des troupes, arrivèrent deux détachements d'indigènes auxiliaires. D'un côté c'était le *goum* des Aribs de la Maison-Carrée : deux cents chevaux conduits par un capitaine français. De l'autre survenait Si Mahi-el-Din, khalifa du pays de Sebaou, qui nous amenait six cents cavaliers des Beni-Djaad, des Beni-Selyman, et des Aribs de Hamza.

Mahi-el-Din est un homme d'environ trente-quatre ans. Il est vêtu, par-dessus le haïk, d'un simple burnous noir garni de houppes de soie rouge, sans aucune de ces broderies d'or dont les chefs arabes aiment à parer leur dignité. Son visage, calme et froid, n'a point de traits remarquables, mais s'anime d'un regard fin, rempli d'intelligence. Quoique souffrant d'une plaie au pied, et d'une autre blessure au bras gauche, causées par une chute de cheval, il a voulu, à notre approche, conduire lui-même sa cavalerie.

C'est une belle scène de camp. Les colonnes

sont serrées en masse; les fantassins assis sur leurs sacs, les cavaliers accoudés sur leurs chevaux qui paissent les grandes herbes. Le maréchal est couché au pied d'un olivier sauvage. Des officiers d'état-major sont groupés autour de lui, et Mahi-el-Din s'est assis à sa droite, à côté du colonel Daumas qui traduit ses paroles. Le khalifa rend compte de ce qu'il sait des projets de l'ennemi.

Ben-Salem, le dernier lieutenant de l'émir, fanatise, par l'autorité de ses discours, toutes les tribus de la montagne.

— « Mahi-el-Din, leur dit-il, a combattu les chrétiens aussi longtemps que la cause d'Abd-el-Kader a eu des chances de durée. Mais à mesure que les revers sont arrivés, il s'est détaché de nous, et puis l'ambition lui a fait trahir ses frères et sa religion. Il est allé vendre sa soumission au gouverneur d'Alger, et mendier une investiture sous laquelle il se croit mon égal. Il songe déjà à recueillir les débris de ma ruine. C'est à vous, fils des montagnes, qu'il appartient de décider entre celui qui vous livre à l'ennemi comme des bêtes de somme, et le dernier défenseur de votre foi. Abd-el-Kader, persécuté par la destinée, s'est dit-on réfugié vers le désert : — N'en croyez rien, il se cache pour mieux observer nos ennemis ; au jour de la grande lutte vous le verrez apparaître. Moi, son lieutenant, son khalifa choisi pendant les journées de la poudre, je défends, sans autre intérêt que celui du bien, votre nationalité qui n'a jamais fléchi devant aucun maître; je combats avec vous pour les tombeaux de vos pères, et le champ nourricier de vos enfants. Irez-vous donc vous soumettre lâchement à ces étrangers avides qui veulent mettre à ma place un déserteur de notre cause sacrée, vendu à leur avarice? Accepterez-vous avec la victoire des chrétiens le joug de ce faux musulman qui leur a acheté l'héritage de mon pouvoir? Le chef des infidèles m'a fait inviter à venir à lui, il a cru séduire l'âme d'un vrai croyant en lui promettant son appui et des chaînes dorées. Mais quand je pourrais croire à sa parole, n'ai-je pas juré, par le nom du Prophète, de m'ensevelir avec vous, sous les ruines de vos villages incendiés, plutôt que de vous abandonner? »

Et les Kabyles animés au souvenir de leur vieille indépendance, ont juré, autour de Ben Salem, de périr jusqu'au dernier, plutôt que de voir leur pays envahi par l'étranger.

Le camp français fut établi ce jour-là à une lieue et demie du Boudouaou, sur les bords de l'Oued-Corso. Une partie de l'armée occupait la vallée; de forts avant-postes tenaient les collines, et de la tente du maréchal, l'œil s'étendait sur des paysages d'une richesse magnifique.

Les rayons du soleil couchant jaspaient l'horizon de pourpre et d'or, et les crêtes des montagnes lointaines se découpaient en mille dessins fantastiques, sur l'azur foncé du ciel.

Au déclin du jour, les kaïds des Krachenas vinrent apporter la *diffa*. Ce mot signifie en langue arabe, *hospitalité de la nuit*. C'est une redevance offerte par les tribus au sultan ou au maître du pays, toutes les fois qu'il passe sur un territoire qui lui est soumis.

L'aspect de cette longue file d'Arabes en manteaux blancs, et portant processionnellement, les uns des moutons rôtis tout entiers, et embrochés au bout de longues perches; les autres sur leurs têtes d'énormes plats de koussoussou; d'autres encore des corbeilles pleines d'oranges, des galettes à la mode du pays, et des volailles de toute espèce, rappelait d'une manière pittoresque les souvenirs hospitaliers des temps bibliques. A l'heure où vinrent les

Krachenas, la lune s'élevait déjà dans les cieux ; les paysages d'alentour s'enveloppaient d'ombres capricieuses ; les feux des bivouacs montaient dans les airs, comme des obélisques transparents ; le chant monotone des sauterelles succédait au bruit de la multitude ; c'était la réalité des pompes du désert. Mahi-el-Din avait été invité à la table du maréchal. La musique du 53e, rangée en cercle à vingt pas de la tente, jouait des airs d'opéra qui rappelaient à nos officiers les plaisirs de France. Le khalifa restait seul impassible. Le maréchal lui fit demander si cette harmonie ne lui semblait pas plus agréable que le son des cornemuses arabes.

— Votre musique, répondit Mahi-el-Din, est excellente pour faire marcher les fantassins, mais la nôtre n'à point d'égale pour animer les chevaux.

Paul Fabert se souvint alors de l'impression

singulière qu'avait produit sur lui le défilé de la cavalerie arabe.

Une trentaine d'hommes soufflaient dans des cornets et des flûtes, qu'accompagnaient des tamtams garnis d'étoffe écarlate, et sur lesquels on frappe avec une seule baguette. De loin, cette musique n'est point discordante ; elle ressemble au *ranz des vaches* de la Suisse ; mais de près, elle fait vibrer les nerfs comme une sensation galvanique, irrite par sa mélancolie sauvage, et fait venir aux yeux des larmes involontaires, quand on n'a pas l'habitude de l'entendre.

Immédiatement après les musiciens, s'avançaient trois drapeaux : celui du milieu était aux couleurs de France; les deux autres étaient jaunes et verts, — c'étaient ceux du khalifa qu'ils précédaient.

Puis chevauchaient, par quatre de front,

tous les guerriers des tribus, enveloppés du haïk que retenait une tresse brune en poil de chameau, roulée quatre ou cinq fois autour de la tête. Les uns portaient en bandoulière leur long fusil, les autres le tenaient debout, la crosse appuyée sur le genou droit.

A la suite des guerriers venaient les tentes portées à dos de mulet, les provisions du voyage, et les fagots de broussailles ramassés pour servir aux feux de la nuit dans les lieux arides. Ce pêle-mêle avait quelque chose de grandiose dans sa simplicité; il faut peu de chose à l'Arabe pour vivre à la guerre ou en voyage. Citoyen de la solitude, sa patrie est partout où il y a une pierre pour reposer sa tête, de l'eau pour se désaltérer, et un peu d'herbe pour son fidèle compagnon, le cheval, qu'il aime à l'égal de lui-même. Chez les Arabes, le soldat mercenaire est inconnu; mais tout le monde est guerrier, depuis l'enfant assez fort pour mettre en joue un fusil, jusqu'au vieillard dont la vigueur est redescendue au niveau des forces de l'enfant.

Le 29 avril, la route changea de physionomie. Plus de marais, plus de vallées, mais des montagnes rocheuses, des sentiers déchirés à chaque pas par des fondrières et des ravins tortueux. Après deux heures d'une marche lente à travers les obstacles qui semblent conjurés pour nous fermer le passage, on passe l'Oued-bou-Touquebat, et plus loin, deux de ses affluents, le Chaba-M'taa des Beni-Aïcha, et l'Oued-beni-Khalifa.

Les pentes se raidissent, les éclats de roche tranchante percent les bruyères; le caroubier, le lentisque, le chêne-liège, et l'olivier sauvage s'entrelacent comme un inextricable hallier. La gorge s'allonge et se creuse entre des hauteurs qu'on dirait échancrées par la foudre. Les chevaux glissent à chaque pas, les cavaliers se couchent sur la selle pour éviter les branches mortes que les arbres tendent de tous côtés comme des bras immobiles. les fantassins courbés sur l'âpre sentier que les sapeurs d'avant-garde ont à demi déblayé, se suivent à la file, comme un serpent de fer tordant ses innombrables anneaux autour d'une ruine séculaire.

C'est le col des Beni-Aïcha.

Au sortir de ce long défilé, on descend par un plan largement incliné, dans la vallée de l'Isser. Les cultures recommencent. La prairie émaillée de fleurs a repris encore la place des arides bruyères. Tous les contrastes se succèdent à courte distance sur ce territoire si varié, à travers les accidents multiformes d'une si puissante nature.

Ainsi, Paul Fabert avait pu admirer dans un jour tous les divers aspects qu'offrent les paysages africains, depuis le précipice horride, aux flancs duquel s'enroule, à mi-hauteur, un sentier rapide, étroit, rocailleux, toujours prêt à crouler dans le vide, jusqu'aux vallées verdoyantes que baignent de fraîches rivières et que parfument les senteurs de la plus luxueuse végétation. Vingt fois, en abordant le plateau d'une colline escarpée, on croit avoir franchi la sauvage barrière des montagnes, lorsqu'en touchant le faîte on aperçoit devant soi des pics encore plus élevés, et comme une mer immense de roches agrestes, dont les manteaux de bruyère, les couronnes de cactus et d'agaves, semblent couvrir des tombeaux de géants.

Tantôt vous passez à gué un cours d'eau solitaire, fuyant sous un dôme de feuillage, entre des haies d'aloès qui penchent sur son lit leurs bouquets de fleurs d'un rouge éclatant. Tantôt la route qu'il faut se frayer le long de pentes inconnues, rampe sous des forêts d'arbres grisâtres, chargés d'un réseau de mousse et de lierres grimpants, et si serrés que le soleil n'a jamais séché leurs pieds humides. On en voit de tous les âges ; les uns à l'état d'arbrisseau, croissent à l'abri de ceux que les ans ont fortifiés ; les autres, vermoulus par des siècles de vie, gisent à terre, prêts à tomber en poudre. — C'est l'image de la vie.

Le maréchal déjeuna à quelques cents pas de l'Isser. Le temps s'était couvert ; quelques gouttes de pluie s'échappaient, de loin en loin des nuées vagabondes ; un petit nombre d'oliviers sauvages, clair semés dans la vallée, et sur les bords du fleuve, offraient de rares abris aux pâtres de cette contrée.

Paul Fabert reconnut qu'une tranche de gigot froid, bien poivrée, un morceau de fromage et du gros pain de troupe, assaisonnés de deux ou trois tasses d'eau rougie, et relevés par un coup d'eau-de-vie, entre deux marches militaires, sous un ciel comme celui d'Afrique, avec la mousse pour table et pour siéges, et un horizon de collines vertes pour salle à manger, valaient infiniment mieux que tous les festins du Café de Paris ou de la Maison-d'Or.

Si ce détail peut-sembler trivial, il est vrai : c'est son excuse. Tout est poésie, même la vie réelle; il ne s'agit que de prendre de haut son point de vue.

Le maréchal est toujours affable. Mais en route, mais au bivouac, il est plus gai que jamais. L'anecdote piquante ne lui coûte pas plus que l'observation sérieuse; il a une si riche provision d'expérience et de souvenirs, qu'on passerait sa vie à l'écouter; et quand il raconte, c'est avec une facilité si entraînante, un laisser-aller si plein de grâce naturelle, qu'on oublie la fatigue du chemin, le mauvais temps, et l'inquiétude du lendemain, pour l'écouter, — attentifs comme les guerriers de

Carthage aux récits d'Énée. En traversant le col des Beni-Aïcha, sur un sentier taillé à pic, où les chevaux ne passaient qu'un à un, on causait avec lui de Rossini et de Meyerbeer, deux noms illustres, qui pour la première fois, depuis que le monde existe, éveillaient les sauvages échos du Téniah. Un tout jeune officier de dragons prussiens qui avait profité d'un congé pour suivre en amateur une expédition d'Afrique, prit chaudement la défense de Meyerbeer, qu'on avait l'irrévérence de mettre au dessous de Rossini, sans se douter que l'on en parlait ainsi devant un neveu du grand maestro. Le brave Prussien, quand il ne parlait pas de musique, rêvait tout haut des exploits futurs qu'il se promettait. Au camp de l'Haoueh-el-Bey il avait tristement débuté. En voulant décharger un des pistolets de Paul Fabert, son bras avait fléchi ; le canon de l'arme, en se relevant violemment, faillit lui crever un œil. Hâtons nous de dire qu'il supporta très stoïquement cette blessure; mais il gardera toute sa vie une coquette cicatrice qui lui rappellera Paul Fabert et le danger de jouer avec le feu. Il raconta naïvement que ce petit malheur l'avait sauvé d'un terrible danger. Le fougueux jeune homme s'était muni d'une paire de pistolets de la dernière élégance et qui se chargeaient par la culasse; il avait réussi à introduire dans un de ces fragiles canons, une pleine cartouche de fusil d'infanterie! — Ses pistolets devaient crever d'indigestion.

Une pluie tiède et fine tombait sans bruit des cieux, quand l'armée s'arrêta, vers midi et demi, à l'Haouch-bou-Ameur, sur la rive gauche de l'Isser. Le temps s'éclaircit vers le soir; mais la lune battue par d'épais nuages, semblait un pâle vaisseau qui laboure les vagues.

Les principaux chefs de la tribu des Issers,

arrivèrent au camp pour offrir la diffa. Les renseignements qu'ils donnèrent annonçaient que les Kabyles s'étaient déjà préparés à une résistance désespérée, et que la grande tribu des Flissas, dont les dix-neuf fractions peuvent réunir vingt mille combattants, avaient mis en sûreté, dans les retraites les plus inaccessibles des montagnes, leurs femmes, leurs enfants, et tout ce qu'ils possédaient.

La pluie recommença vers minuit avec plus de violence. Les trombes d'un vent furieux dévastaient les broussailles. Les feux des bivouacs s'éteignirent, et les soldats se réveillèrent à l'aube, transis de froid et couchés dans un vaste bourbier. Le mauvais temps s'aggravait d'heure en heure. Les eaux de l'Isser, chargées du limon de leurs rives que la crue détachait en grondant, roulaient comme un torrent. On avait essayé le matin d'établir le pont, mais il fallut se hâter de le relever; le courant faisait perdre pied aux travailleurs. Le passage fut jugé impossible.

Le maréchal était vivement contrarié : — Chaque heure de retard dans notre marche ajoutait une force à celle des Kabyles ; c'était préparer la nécessité de verser plus de sang, et son humanité, dont les Arabes eux-mêmes rendent témoignage, s'affligeait à l'avance de l'idée d'acheter, par trop de mal causé à l'ennemi, une soumission qu'il désirait obtenir dans les intérêts de la France, alliés à ceux du pays conquis.

Ce jour-là, les chefs des Beni-Khalfoun, tribu de la rive droite de l'Isser, nouvellement soumise à notre autorité, vinrent au camp avec un marabout des Flissas, nommé Ben-Tafat, qui voudrait, disait-il, épargner à ses frères les désastres de la guerre. Il ne s'annonçait pas comme député par sa tribu ; son intervention était officieusement pacifique ; il venait s'informer des projets des Français, et promettait de rapporter le premier mai, avant le coucher du soleil, la réponse des Flissas, au camp de Bordj-Menaiel, où l'armée devait se trouver.

Le maréchal espéra que cette démarche pourrait produire de bons fruits; il se réjouit de penser qu'il allait couronner tant de luttes victorieuses par une conquête fondée sur la persuasion, et donna sa parole, que pendant toute la journée du premier mai, ses soldats respecteraient les riches cultures des Flissas.

Le soir, les kaïds des Issers traversèrent le fleuve, malgré les périls du passage de ses eaux bouillonnantes, et apportèrent la diffa, en s'excusant de n'avoir pu, à cause des périls de cette traversée, apporter au camp toutes les provisions qu'ils avaient préparés.

Le maréchal ordonna que tous les mulets de nos arabes partiraient à vide, le lendemain au point du jour, pour aller chercher à la Maison-Carrée un nouveau convoi. Un bataillon du 48e et un autre du 53e devaient rester à l'Haouch-ben-Ameur, pour garder nos vivres sur la rive gauche de l'Isser. Malgré le mauvais temps, l'armée n'avait que quinze malades qui furent évacués sur Alger.

Le 1er mai, vingt et un coup de canon saluèrent, dès l'aube, la fête du roi. Les échos des montagnes multipliant au loin les détonnations de l'artillerie, on eût cru entendre le fracas d'une bataille rangée. Les Kabyles durent croire que nous traînions avec nous tous les foudres de la guerre.

Les flots de l'Isser n'avaient point baissé. Le fleuve torrentueux semblait toujours prêt à déborder. Le départ fut encore retardé d'un jour ; d'ailleurs on attendait le résultat des négociations de Ben-Tafat. Le maréchal décida néanmoins que le passage s'effectuerait sans remise le jour suivant, et pour faire face aux éventualités d'une attaque pendant cette opération difficile, il ordonna que toute sa cavalerie et les zouaves iraient prendre position sur la rive droite.

Dans la journée, Ben-Tafat reparut. Cet homme vénérable était triste, il n'avait rien obtenu des Flissas; mais pensant que sa présence au milieu de nous pourrait encore protéger ses compatriotes, il se décida à marcher avec l'armée. Il trouva chez le maréchal les chefs des Guechetoulas, des Nezeliouas et des Beni-Khalfoun, qui étaient venu supplier qu'on épargnât leurs villages, et se portaient garants de la neutralité des tribus qu'ils commandaient. On apprit par eux que la plus grande irrésolution s'était déclarée parmi les Kabyles. Le peuple voulait combattre, mais les grands et les riches des tribus, qui voyaient leurs terres vouées à la dévastation, se sentaient disposés à traiter.

La crainte de perdre leur pouvoir et d'être massacrés, comme traîtres à la patrie, les empêchait seule de proposer dans le conseil des voies d'accommodement. Ils attendaient que le peuple eût assez souffert pour ouvrir, le premier, des projets de soumission, et réclamer l'intermédiaire des chefs, entre eux et le vainqueur.

Le temps, vers le soir, s'était remis au beau. Une nouvelle salve d'artillerie termina cette journée, et chacun se prépara pour la marche du lendemain.

Le 2 mai, à cinq heures moins un quart du matin, le pont fut établi dans l'endroit le plus guéable. Le gouverneur avec son état-major passa le premier l'Isser à la nage, pour surveiller, de l'autre rive, le défilé de l'armée. Tout se passa sans accident; les soldats impatients de joindre l'ennemi, faisaient retentir les rivages de cris joyeux, et s'engagèrent sans murmurer dans les champs marécageux qui règnent sur de vastes espaces au-delà de l'Isser. A une lieue et demie, en appuyant vers le nord, on franchit l'Oued-Rhanin dont le lit peu profond se déroule, comme une ceinture d'argent, parmi les sinuosités d'une vallée couverte de beaux ombrages. A dix heures, on se trouvait au pied du Bordj-Menaïel. C'est un petit fort carré, bâti autrefois par les Turcs qui y tenaient un poste commandé par un kaïd. Ce chef dirigeait les tribus des Issers et des Ameraouas, chargés de prélever à des époques fixes de l'année, sur les Kabyles de la montagne, les redevances que le dey d'Alger exigeait d'eux, pour leur permettre de venir fréquenter les marchés de la ville, et de labourer dans la plaine. Ce fort qui prend son nom de l'Oued-Menaïel est entouré de guérêts fertiles dont la culture serait d'un riche produit, si elle était faite par des bras Européens. La vallée est enceinte d'un rideau de collines où l'orge et le froment se disputent les moindres plis du terrain.

Le camp fut tracé sur les plateaux. Les sapeurs du génie se mirent à l'œuvre aussitôt, secondés par des corvées de travailleurs pris à tour de rôle dans les régiments, pour élever sur le point culminant une vaste redoute qui devait servir de magasin pour les vivres de l'armée. Les cabanes abandonnées dans la vallée fournirent le bois dont on avait besoin. Le maréchal décidé à fixer à Bordj-Menaïel son point de ravitaillement, écrivit à Alger pour ordonner que deux bateaux à vapeur fussent rendus, le 7, devant Dellys, avec quinze jours de vivres, et des renforts considérables de munitions de guerre.

Un marché fut ouvert au camp, avec ordre de protéger les Arabes qui s'y présenteraient. Quelques hommes des Issers s'y rendirent, mais leur attitude était pleine de défiance. Une rude partie allait s'engager, et les tribus auxquelles la crainte avait conseillé la neutralité, attendaient que le sort se fût prononcé, pour le subir avec résignation, ou pour tomber sur nous, si comme elles l'espéraient en secret, nous étions repoussés.

Les marabouts des montagnes allaient partout prêchant la guerre sainte contre les *chiens de Chrétiens*, que les Kabyles n'avaient jamais vus, mais que *Dieu venait enfin leur livrer*. Les demi-confidences qu'on obtenait de quelques Arabes annonçaient une résistance décidée.

Le 3 mai, à onze heures du matin, le colonel Pélissier, chef d'état-major de l'armée, fut chargé de diriger une reconnaissance vers le sud-est du camp, pour étudier, d'aussi près que possible, les positions des Kabyles.

Une demi-compagnie de chasseurs d'Orléans, armée de grosses carabines qui portent à 800 mètres; un bataillon du 3e léger et un peloton de chasseurs d'Afrique, se mirent en marche le long de pentes accidentées qui plongeaient dans une gorge étroite, flanquée de roches grisâtres et chauves. Il n'y a point de route. Il faut le pied si sûr des chevaux d'Afrique pour ne pas s'abîmer à chaque pas; le sol raviné n'est partout que ressaut de granit ou déchirure à pic. L'artichaut sauvage présente ici ses épines lancéolées; plus loin, les racines du palmier nain étendent sous les pieds leurs racines contournées comme des pièges à loups; tout-à-coup, le cactus vous fait un large mur de ses palettes oblongues hérissées de dards aigus; vous brisez l'obstacle: au-delà, c'est une table de pierre, trouée çà et là par des touffes de mousse glissante et qui fuit dans une fondrière au fond de laquelle l'œil se perd.

Après une heure d'acheminement à travers cette rude nature, la gorge s'élargit dans une vallée circulaire. A droite et à gauche les roches s'écartent comme des parois de citadelle. En face, une petite plaine descend par gradins insensibles et s'arrête au pied de la chaîne des Flissas. Des villages clair-semés à mi-côte sous des bouquets de figuiers et d'oliviers semblent des vedettes postées en observation. L'arête la plus escarpée porte à son flanc une large bâtisse carrée, surmontée d'un dôme blanc. C'est le marabout de Timezerit.

Timezerit est un lieu saint où les Flissas se réunissent de temps immémorial, pour discuter en assemblée générale leurs affaires de paix et de guerre. Les tribus Kabyles forment de petites républiques dont les membres se convoquent en congrès populaires (*djemaa*), toutes les fois que l'intérêt commun l'exige. Chacun, depuis le chef jusqu'au dernier berger, a le droit d'y parler à son tour, et de donner son avis. Ce mode de procéder entraîne souvent des lenteurs interminables. Lorsque la décision (*el meiz*) est prise, on fait une décharge de toutes les armes, suivie d'une prière à l'Éternel pour sanctionner la décision et protéger ses effets. Les marabouts exercent, dans ces assemblées, une influence très considérable. Ici, comme partout ailleurs, la naissance, l'entourage et les richesses sont des moyens puissants pour agir sur les décisions.

L'apparition d'une armée française était un événement de haute importance pour ces montagnards qui avaient sommeillé pendant tant de siècles dans leur fière indépendance. Les Turcs, en les tenant bloqués quand ils refusaient d'acheter le droit de descendre dans la plaine, leur avaient causé peu de mal, et n'eussent jamais osé tenter l'accès de ces monts redoutés où chaque ravin peut cacher une embuscade, chaque buisson couvrir un tirailleur, chaque pierre devenir une arme, chaque fossé un tombeau pour l'assaillant.

Quand le colonel Pélissier mit sa troupe en bataille devant ces citadelles aériennes qui semblaient défier un assaut, il vit des rassemblements de quatre à cinq mille hommes s'agiter sur les crêtes, à droite et à gauche du marabout. Des cris sauvages saluèrent les Français. Une vingtaine d'éclaireurs, parmi lesquels on reconnaissait, à leurs vêtements rouges, des réguliers de Ben-Salem, caracolaient au fond de la plaine, en brandissant leurs longs fusils.

Les chasseurs d'Orléans s'éparpillèrent en tirailleurs dans les broussailles, en même temps que pour sonder les dispositions de l'ennemi, le colonel Pélissier faisait incendier sur sa droite sept à huit barraques abandonnées.

Un Kabyle à pied sortit d'un petit bois, et s'aventura jusqu'à un tertre à mi-chemin de la colonne et des cavaliers de la vallée. L'Arabe, qui servait de guide à la reconnaissance, le hêla plusieurs fois, et tous deux échangèrent quelques paroles. Le Kabyle, invité à venir sans crainte se mettre en rapports avec nous, fit encore quelques pas ; son attitude était défiante, ses mouvements exprimaient l'hésitation. Tout-à-coup, il fit feu sur un de nos tirailleurs, et disparut dans un fourré. Une centaine de coups de fusil s'échangèrent alors entre les chasseurs d'Orléans et les cavaliers ; mais on était hors de portée. Quelques balles arrivèrent à peine sur notre front de bataille. L'ennemi seul eut un cheval blessé.

La colonne marcha par le flanc pour aller prendre, le long des montagnes de gauche, un autre sentier qui la ramènerait au camp. Ce mouvement, couvert par nos tirailleurs, se fit au pas ; on brûla, sur les pentes des mamelons, quelques gourbies dont les habitants avaient fui, et les soldats s'en retournèrent chargés de bois pour le bivouac. De nouvelles clameurs les poursuivirent du haut des crêtes du marabout, et quelques injures en français nous apprirent que parmi les cavaliers de Ben-Salem se trouvaient plusieurs déserteurs de nos spahis.

Le même jour, toute la cavalerie s'était rendue de bonne heure, avec les mulets à vide, sur les bords de l'Isser, pour en ramener les vivres qu'on avait laissés à l'Haouch-bou-Ameur, sous la garde de deux bataillons.

Les travaux de la redoute s'activaient merveilleusement sous la direction savante du colonel de génie Charron.

Des cavaliers de la tribu des Beni-Moussa arrivèrent au camp pour se joindre au goum de Mahi-el-Din. Le kaïd des Issers mit en réquisition tous les mulets de sa tribu pour nous aider à transporter, de Dellys à Bordj-Menaïel, les nouvelles munitions que nous attendions.

La soirée se termina par un violent orage, et

la pluie tomba pendant toute la nuit comme un vrai déluge.

Le 4 mai, une seconde reconnaissance fut dirigée vers la gauche des montagnes de Flissa. Des coups de fusils insignifiants furent encore tirés de part et d'autre. Quand la colonne se mit en retraite, une troupe de Kabyles descendit des rochers pour mettre elle-même le feu à toutes les barraques dont le bois aurait pu nous tenter. Les flammes de ces incendies prouvaient que, décidées à tout sacrifier, ces belliqueuses peuplades ne nous laisseraient pénétrer chez elles que sur des monceaux de cadavres.

Le ciel semblait conjuré contre nous. Les orages de la veille recommencèrent avec plus de furie. Un vent glacial, tourbillonnant par longues rafales, menaçait à chaque instant de renverser les tentes. Les terres labourées sur lesquelles campait une partie de l'armée, étaient défoncées par la pluie. Des flaques d'eau bourbeuse avaient changé nos bivouacs en marécages ; les chevaux ne pouvant plus se coucher ni paître l'herbe rare et inondée, souffraient tout à la fois de faim, de froid et d'épuisement. Mais le moral des troupes ne fléchissait pas ; elles voyaient le maréchal lui-même partager, malgré son grand âge, toutes leurs privations. Une vieille tente, déchirée par la pluie, laissait filtrer l'eau sur la chétive couchette où il se jetait la nuit pour quelques heures, tout habillé. Sa présence était plus qu'un encouragement : — elle faisait un devoir de souffrir sans se plaindre.

Depuis que l'armée française fait la guerre en Afrique, nul ne se souvenait d'avoir vu, à cette époque de l'année, une saison plus désastreuse.

Le convoi parti le premier mai, revint de la Maison-Carrée. Les précautions les plus minutieuses, au milieu du dénuement qui nous entourait, furent prises par l'intendant Pâris, pour préserver les vivres d'avaries presque inévitables. Il fallait toute la ténacité du maréchal, toute sa foi dans cette fortune qui ne lui a jamais été contraire, pour ne laisser échapper aucune parole inquiète ; et pourtant, nul mieux que lui ne sentait tout ce qu'il y avait de fatal dans ce combat des éléments ligués avec un ennemi qui regarderait l'orage comme la voix du ciel déclaré contre nous. Dans un pays qui n'offre à l'envahisseur aucune ressource, où il faut tout porter avec soi, tout renouveler avant que les besoins se manifestent, que de prévisions ne faut-il pas pour défier les cas de force majeure ! Si la nécessité de regagner Alger se prononçait, notre retraite, acte de prudence, serait regardée par les Kabyles comme une fuite honteuse ; et le temps leur appartiendrait, pour combiner une résistance plus énergique, pour réunir de tous les clans de la montagne des masses innombrables de combattants, qui ne craindraient peut-être pas de venir livrer bataille, comme autrefois, jusque dans la Mitidjah.

Trois armées sont déjà devant nous :

L'une, commandée par Ben-Salem en personne, occupe les hauteurs de Timezerit.

La seconde est campée chez les Ameraouas, son quartier-général est à Bordj-Tiziouziou, son chef c'est Ben-Casem ou Cassi.

La troisième grossit sur les pentes qui couronnent la vallée de l'Oued-el-Ksab, sous les drapeaux d'El-Djoudi.

Ces rassemblements sont indisciplinés, leur force s'appauvrit par le manque de tactique; mais il y a déjà plus de vingt mille combattants, dont chaque individu ne le cède pas en bravoure à nos meilleurs soldats.

Et nous ne sommes que sept mille, oui, sept mille, un contre trois; et les contingents de tous les nids d'aigles de la montagne aiguisent les yathagans, et chargent leurs longs fusils pour descendre, à leur tour, au-devant des infidèles.

Mais le maréchal porte avec lui ses souvenirs des Alpes, et sa petite armée n'a pas oublié la Sikkak et l'Ouarensenis.

Et la nuit, pendant que la pluie fouette les tentes, et que le vent hurle dans les gorges, les soldats recommencent les vieux contes de la caserne, et le brave colonel Daumas, l'émir français du goum arabe, se fait raconter par Mahi-el-Din les légendes kabyles, et les traduit à Paul Fabert, qui n'a pas assez d'oreilles pour toute cette poésie.

Voic celle de Timezerit.

IX

> Le succès est une compensation qui rassure bien des consciences.
>
> Frédéric SOULIÉ.

Le marabout de Timezerit.

Dans l'étroite vallée verte qui fleurit le pied des monts bleuâtres dont le fameux marabout de Timezerit domine l'arête la plus escarpée, vivait, il y a dix siècles, un pauvre pâtre, nommé Karoubi. Musulman fidèle par habitude, il conduisait, depuis trente ans, au même pacage, quelques chèvres son unique bien, et n'avait pas laissé passer un seul jour sans faire exactement les prières que prescrit la loi. Tous les Kabyles d'alentour rendaient justice à ses vertus hospitalières, au sens droit qui chez lui remplaçait l'instruction; et les plus savants du pays prétendaient que si Karoubi était né dans quelques grandes villes du Maghreb, une riche destinée eût sans doute été son partage.

Un jour, tandis qu'il faisait sa prière, son troupeau prit l'épouvante et se dispersa. Karoubi en courant de tous côtés pour le rassembler, aperçut une de ses chèvres fourrée jusqu'à moitié dans un trou d'où elle ne pouvait sortir. En la retirant, il fut frappé d'une lumière très brillante qui sortait de cette ouverture. En examinant ce qui la produisait, il vit qu'elle partait d'une tablette d'or d'assez petite dimension. Il se mit aussitôt à déblayer l'entrée de cette espèce de caverne, et pénétra sous une voûte de rochers, dont il pouvait, en étendant les bras, toucher les parois en tout sens.

La tablette d'or, d'un poli parfait, scintillait à ses pieds, mais Karoubi ne savait pas lire, et ne pouvait déchiffrer quatre lignes en langue arabe qu'il y voyait écrites. Cependant, l'attrait du métal le détermina vite à se l'approprier; il détacha du sol la tablette d'or et la cacha sous son haïk.

Comme il sortait de la caverne, un vieux marabout qui revenait de Dellys, et regagnait au pas lassé de sa mule les pentes de Timezerit, s'arrêta près de lui, et lui demanda un peu de lait de chèvre pour se rafraîchir.

Le pâtre s'empressa de satisfaire ce vénérable personnage qui passait dans toutes les tribus de la contrée pour être âgé d'au moins trois cents ans. Puis se prosternant à ses pieds pour baiser la poussière du pas de sa mule, il le supplia de lui expliquer les lignes tracées sur la tablette d'or.

— Mon fils, dit le marabout dont le visage tout ridé ne put déguiser une légère surprise, comment cette tablette est-elle tombée entre vos mains?

Karoubi lui raconta l'aventure de sa chèvre.

— Ces caractères symboliques, reprit le marabout, promettent au possesseur de la tablette d'or des choses qui vraisemblablement ne doivent pas vous arriver. Vous avez la physionomie heureuse, et cette inscription parle d'un infidèle dont la fin sera tragique et funeste; mais puisque la volonté d'Allah a permis que cette tablette tombât entre vos mains, c'est sans doute un avertissement, et ce que je viens de lire vous regarde.

— Mon père, s'écria Karoubi, comment ce que vous dites pourrait-il m'arriver? je ne suis qu'un pauvre ignorant, mais je prie Allah tous les jours depuis mon enfance; jamais je n'ai été infidèle à la loi des croyants; comment donc pourrait-il m'arriver une fin tragique et funeste?

— Qu'importent votre ignorance et vos prières, reprit le marabout; — fussiez-vous un saint, si la fatalité veut que vous périssiez, qui vous sauvera?

Ces paroles percèrent le cœur de Karoubi, il soupira; son cœur se gonfla, et il s'écria en tombant aux pieds du marabout : Plut à Dieu que je n'eusse jamais trouvé ce fatal morceau d'or, ou que je ne vous l'eusse jamais montré!

— Eh! que vous aurait servi, reprit le saint homme, de ne me point consulter? La prédestination d'Allah est éternelle comme lui; ce qui est écrit dans le livre de vie ne peut s'effacer; mais je puis me tromper ; le savoir des hommes, même des vieillards, est quelquefois douteux ; Allah seul est infaillible. Je dois cependant vous apprendre que la tablette d'or indique un immense trésor, dont toutes les richesses appartiendront au possesseur de ce talisman.

A ces mots, Karoubi tressaillit ; il regarda d'un œil ardent le marabout qui tenait la tablette ; mais l'âge et la figure pieuse du saint le continrent ; et il lui dit d'une voix caressante :

— Mon père, daignez, bien vite, m'enseigner où est ce trésor ; je ferai seul tout le travail nécessaire, et nous partagerons le bénéfice, *comme deux frères.*

— Insensé, reprit le marabout qu'offensait peut-être la familiarité de Karoubi ; vous ne serez pas plus tôt maître de tant de richesses que vous en abuserez. Il n'est pas aisé de savoir être riche, et je serai peut-être le premier à me repentir de vous avoir rendu service.

— Quel discours me tenez-vous? reprit Karoubi. Quoi! je vous ai l'obligation de me procurer des trésors, vous faites ma fortune, et vous voulez que je manque à la reconnaissance? un infidèle ne serait pas capable de cette ingratitude, et je ne puis jamais en avoir seulement la pensée. Je fais donc serment, par le nom d'Allah, de vous regarder comme mon père, et de partager exactement toutes les richesses avec vous; ou plutôt, vous ne m'en donnerez que ce qu'il vous plaira, et je serai toujours content.

Le marabout vit une telle franchise dans les paroles du pâtre, qu'il ne fit plus aucune objection. Ils arrivèrent ensemble à la caverne où Karoubi avait trouvé la tablette d'or. Le vieillard lui commanda de creûser la terre. A une profondeur de sept pieds, Karoubi découvrit une porte d'acier fermée par trois cadenas de diamant; sur l'ordre du marabout, il brisa les cadenas à coup de pierre, et tous deux pénétrèrent dans une galerie tortueuse. Au bout d'une centaine de pas, une faible lueur leur fit distinguer certaine formes d'objets. Plus il avançaient et plus la clarté augmentait. Ils se trouvèrent enfin devant un magnifique palais, baigné d'une vapeur fantastique.

Ce palais avait sept portes qui s'ouvrirent d'elles-mêmes, l'une après l'autre, à l'approche de Karoubi; — les feux de mille escarboucles en éclairaient les murailles.

La première salle contenait une immense quantité d'ajustements tout garnis de broderies d'or et d'argent.

La seconde était remplie de cimeterres, de

yathagans et de poignards, dont les gardes et les fourreaux étincelaient de pierreries.

Dans la troisième, des cottes d'arme en résille diamantée, des cuirasses incrustées d'émeraudes et des casques à cimier d'or pur étaient appendus aux parois tapissées de peaux de tigres.

La quatrième salle était encombrée de selles, de harnais aussi précieux que les armes, de caparaçons d'une richesse royale, et de housses de pourpre garnies de glands de soie.

Tout autour de la cinquième, on voyait rangés sur trois lignes, des vases pleins d'or ou d'argent monnayés, et de plus de pierreries que n'en possèdent tous les sultans d'Orient.

La sixième contenait des meubles de toutes formes et de toutes grandeurs, du travail le plus exquis, et l'on pouvait à peine plonger un regard ébloui dans la septième, où ruisselaient confondus l'améthyste et le saphir, l'onix et la sardoine, la topaze et le rubis, amoncelés comme les sables de la mer.

Karoubi ne pouvait se rassasier de toutes ces splendeurs ; il regretta d'avoir un témoin de sa fortune.

— Sentez-vous, dit-il au vieillard, de quelle conséquence sont le secret et le mystère en cette occasion ?

— Sans doute, répondit le marabout.

— Mais, reprit Karoubi, si le roi de Dellys a la moindre connaissance de ce trésor, son premier soin sera de le confisquer. Êtes-vous bien sûr de vous ? Ne craignez-vous rien de votre indiscrétion ?

— Le désir de posséder la moitié de ces richesses, lui répliqua le marabout, doit vous en être un sûr garant.

— La moitié de ces richesses ! s'écria Karoubi ; mais cette moitié surpasse les trésors des plus grands rois !

— Le vieillard comprit ce qui se passait dans l'âme du pâtre, et lui dit avec un sourire :

— Si vous croyez que la moitié soit trop pour moi, vous pouvez ne m'en donner qu'un quart.

— Volontiers, reprit Karoubi. Mais quelle précaution prendrez-vous pour l'emporter sûrement ? vous nous ferez découvrir, et vous serez la cause de notre malheur.

— Eh bien, lui répondit le vieillard, quoique vous m'ayez promis beaucoup plus d'avantages, ne me donnez que le septième, et je serai content.

— Vous ne répondez point à ma question, objecta de nouveau Karoubi. Nous discuterons à loisir le parti que vous me proposez. Je suis toujours bien aise que vous soyez raisonnable, et que vous commenciez à vous rendre justice.

Karoubi examina de nouveau ses richesses avec plus d'avidité, et ses yeux en furent encore plus éblouis. Après avoir bien considéré la salle des pierreries, où ils étaient alors : — Vous sentez, dit-il au vieillard, que celle-ci est, sans contredit, la plus riche, et qu'il n'est pas naturel que je vous cède un droit de propropriété aussi légitime que le mien.

— Vous avez raison, reprit le vieillard, je ne vous le demande pas.

Ils revinrent ensuite dans la salle aux vases pleins d'or et d'argent.

— Ce trésor, dit Karoubi, est assurément celui qui causera le moins d'embarras, et dont on peut se défaire le plus aisément ; il peut encore servir à conserver tous les autres, soit en établissant une garde, soit en élevant une muraille. Ainsi, je vous crois trop raisonnable pour ne pas convenir de la nécessité qui m'oblige à le garder.

— J'en conviens, répondit le marabout; passons à un autre. Voilà des meubles de prix et de toute espèce; tout cela ne vous est pas nécessaire.

— Non; je pourrais absolument me passer de quelques-uns; mais je vous ai trop d'obligations pour vous exposer en vous les donnant. Comment pourriez-vous les emporter? quelle peine n'auriez-vous pas à vous en défaire?

— Cela me regarde.

— Non, non, reprit Karoubi, je vous aime trop pour y consentir. De plus, ce serait le moyen de me faire découvrir; on vous arrêterait, et vous ne pourriez vous empêcher de me dénoncer. Voyons les autres.

Ils rentrèrent dans la quatrième salle.

— Ces harnais, ces selles ne peuvent absolument convenir à un saint homme qui voyage sur une humble mule; de tels objets attireraient sur vous la convoitise des voleurs.

Karoubi trouva d'égales raisons en traversant la salle des armures. Quand il l'eut refermée avec autant de soin que les autres, il passa dans celle qui contenait les cimeterres, les yathagans, les poignards; et le marabout lui dit alors : — Ces armes sont aisées à porter; j'irai les offrir aux scheiks de la plaine, et aux pachas qui trônent dans les cités; je les vendrai séparément, et vous ne courrez aucun risque.

— Je crois que vous avez raison, reprit Karoubi; je puis vous en donner quelques-unes.

En disant ces mots, il les examinait, soit pour le poids de l'or, soit pour le prix des diamants; enfin il en tira une de son fourreau. Alors il mit en balance les richesses dont il pouvait être le seul possesseur avec la tête d'un homme; et ne pouvant concevoir comment il avait hésité si longtemps, — Je me défie de toi! s'écria-t-il en courant sur le vieillard.

Le marabout embrassa ses genoux.

— Soyez touché de ma vieillesse, lui disait-il. Les trésors, quels qu'ils soient, ne me font plus aucune impression, et je n'y prétends rien.

— Je le crois bien, reprit Karoubi; ne sont-ils pas à moi? La tablette d'or m'en fait l'unique propriétaire.

Le vieillard lui rappela ses serments:

— Mais je vous en relève, ajouta-t-il; pour prix de l'obligation que vous m'avez, je ne vous demande que la vie.

— Non, je t'ai trop offensé, répliqua le

pâtre hors de lui ; tu me livrerais à la malédiction et aux vengeances des gens de la montagne qui te révèrent. Fais ta prière, afin qu'Allah te reçoive dans son paradis...

Et d'un seul coup de cimeterre, il fit rouler sur les dalles la tête du marabout.

Quand sa première émotion fut calmée, il creusa dans la caverne, aux portes du palais magique, une fosse profonde et y cacha le cadavre ; mais bientôt, livré à lui-même, il sentit le démon de l'avarice parler dans son cœur plus haut que le remords. Comment ferait-il pour vivre sans provisions au milieu de ces fatales richesses ? quels secours trouverait-il dans la sauvage solitude de sa vallée ? et de quoi lui servirait sa fortune fantastique ? Il fut au moment de se laisser mourir de faim pour ne pas perdre de vue son trésor.

A la tombée du jour, il prit quelques poignées d'argent, marcha toute la nuit et entra dans Dellys avec l'aurore. Il y acheta un cheval qu'il chargea de riz et d'une petite barrique d'eau, et reprit aussitôt, sans parler à qui que ce fût, ni s'arrêter nulle part, la route de la caverne, où il retrouva son palais tel qu'il l'avait laissé.

Son premier soin fut d'ouvrir lui-même, avec beaucoup de peine, un large fossé pour barrer, à une assez grande distance, les abords de la caverne. Il ménagea un passage sous terre dont il masqua l'ouverture avec des ronces et des arbres abattus, sur lesquels il coucha pendant les premiers jours. Il fit plus tard une hutte de pierre sèche pour s'y mettre à l'abri des injures du temps. Tout ce qu'il souffrait d'inquiétude en cette situation ne peut se décrire, et l'on n'aurait jamais imaginé, en le voyant pâle et défait, exténué par le travail et les veilles, que Karoubi fût le plus riche habitant de la terre.

Quelque temps après, encouragé par l'isolement qui régnait autour de lui, il fit un second voyage à Dellys, et acheta quelques esclaves qu'il voulait employer à des travaux urgents pour assurer le calme de sa retraite. Il fit élever jusqu'à trois enceintes de pierres autour de la caverne, et prit le parti de dormir à la belle étoile, entre la première et la seconde. Puis, comme son ancienne obscurité le rendait parfaitement inconnu à Dellys, il imagina de s'y rendre un beau jour vêtu en riche marchand de Perse, qu'amenait le désir d'établir quelques relations commerciales. Pour se rendre favorable l'accueil des principaux chefs de la ville, il conduisit avec lui trois chameaux chargés de riches étoffes, d'armes précieuses et de quelques meubles splendides, tirés des salles du palais souterrain. Il portait lui-même, sous ses vêtements, une cassette remplie de pierreries d'une valeur inestimable, et qu'il offrit au roi de Dellys. Ce prince fut si ravi de ce présent, et de l'assurance que lui donnait Karoubi de pouvoir le renouveler à chaque lune de l'année, qu'il saisit la première occasion de faire couper la tête à son ministre favori, dont il donna la place au faux marchand de Perse.

Plusieurs années s'écoulèrent. Karoubi gouvernait en despote la plaine et la montagne; les plaintes que ses folies orgueilleuses faisaient éclater de toute part, n'avaient nulle influence auprès du roi, qui recevait à chaque lune, une cassette de pierreries d'un plus haut prix que tous les royaumes d'Afrique. Mais malgré sa faveur et sa toute-puissance, Karoubi ne se sentait pas satisfait. Sa vanité et son ambition allaient sans cesse au-delà du bonheur que Dieu lui avait envoyé.

Comme il songeait un jour à l'étrangeté de sa destinée, et aux moyens de s'élever encore plus haut, on lui annonça l'arrivée d'un ambassadeur qui venait au nom du roi de Constantine, demander au roi de Dellys, le paiement d'un vieil impôt tombé en désuétude.

Le roi de Dellys se trouva fort embarrassé, car, en cas de refus, une guerre sanglante le menaçait, et il n'avait aucun préparatif suffisant pour y résister.

Karoubi se prosterna au pied du trône, frappa la terre de son front et lui dit : Seigneur ne soyez pas contristé par les menaces du roi de Constantine; il est aisé d'y répondre et de le faire repentir de ses menaces et de son insolence; ordonnez à vos plus fidèles sujets de me venir trouver, moi qui suis le plus humble de vos esclaves; je leur dirai ce qu'ils auront à faire.

Ces paroles consolèrent le roi; il donna des ordres en conséquence, et Karoubi eut bientôt réuni dans les vallées et sur les montagnes qui avoisinent Dellys, une armée de trente milles hommes choisis; lui-même se créa une garde de dix mille cavaliers qu'il équipa richement à ses frais, et le roi lui donna le commandement de son armée.

Le nouveau général se mit en route avec trois mille chameaux qui portaient avec peine toutes ses richesses. Le roi de Dellys l'accompagna pendant trois jours, et le quitta comme un frère.

Karoubi sur sa route, choisit encore parmi les tribus qu'il traversait les hommes les plus aguerris ; il les équipait à ses frais, et leur donnait autant d'argent qu'ils lui en demandaient. Le bruit de sa magnificence lui attira des volontaires de toute part, et quand il arriva devant Constantine, son armée était doublée.

Le roi de Constantine qui ne s'attendait pas à être attaqué, quand il avait cru faire trembler, rassembla en toute hâte ses meilleurs soldats, et sortit de la ville au devant de Karoubi dont il espérait avoir bon marché; mais dès le premier choc, il fut repoussé avec perte, et tomba lui-même au pouvoir de l'ennemi. Karoubi lui fit couper la tête et l'envoya dans une cage au roi de Dellys. Puis il entra dans Constantine dont les habitants effrayés se rendirent à discrétion, et il se fit proclamer roi du pays par les soldats qu'il avait enrichis. Ensuite il écrivit au roi de Dellys : — J'ai vaincu ton ennemi, j'ai pris ses états, et je me suis assis snr le trône de ses ancêtres. Aussitôt que ma lettre te parviendra, ne manque pas, pour me faire honneur, de m'adresser l'impôt que te réclamait l'ancien roi de Constantine. Si tu osais me le refuser, regarde autour de toi; ton armée est à ma solde; tes peuples qui savent ma richesse et ma libéralité viendront se ranger en armes autour de moi. Ainsi ta perte est certaine. Qu'Allah te conduise dans la voie du salut.

Le roi de Dellys en recevant ce message, entra dans une violente colère, et résolut aussitôt de châtier rudement son perfide favori. Mais avant de se mettre à la tête des troupes qui lui restaient, il écrivit à Karoubi : « — Comment un homme aussi méprisable que toi, un homme que j'avais tiré de l'obscurité a-t-il pu s'emparer du puissant royaume de Constantine? tu m'as trahi, moi ton roi et ton bienfaiteur; mais je pars, sans perdre un moment, je ferai périr jusqu'à ta mémoire, et je joindrai le royaume de Constantine à l'héritage de mes pères. »

Les deux armées qui s'étaient mises en marche, chacune de leur côté, se rencontrèrent au défilé des *Portes de Fer ;* mais le roi de Dellys fut vaincu, comme l'avait été celui de Constantine, et amené chargé de fers devant Karoubi.

— Misérable esclave, lui dit-il, comment

peux-tu supporter les regards de ton maître?

— L'esclave, reprit Karoubi, est celui qui porte des fers. Quant aux injures que tu m'as adressées par écrit, et que tu oses me répéter à cette heure, je ne les mérite pas. Tu m'avais chargé d'aller vaincre ton ennemi le roi de Constantine ; j'ai marché contre lui et je l'ai vaincu. Tu dois être satisfait. Ensuite, j'étais assez riche pour équiper à mes frais une grande armée ; j'ai donc payé de mes deniers la conquête de Constantine, et j'en suis légitime possesseur, par la vertu de l'or et par la puissance du fer. Tes récriminations sont aussi injustes qu'insolentes.

Et sur un signe de Karoubi, la tête du roi de Dellys vola sous le yathagan.

Le nouveau roi de Constantine se fit bâtir un palais magnifique, et couvrit de châteaux-forts tous les points de ses états qui pouvaient redouter une attaque ; puis quand il se vit entouré de richesses, de splendeurs et de sécurité, il eut l'orgueil de se demander s'il n'était pas aussi grand que Mahomet.

Un jour qu'il avait assemblé autour de lui tous les Marabouts et les Talebs de la contrée, pour discuter cette grave question, un vieillard portant sa tête à la main, sortit de dessous le trône sur lequel Karoubi était assis.

Le roi fort surpris, lui demanda qui il était.

— Je suis, répondit la tête coupée, le génie de la tablette d'or et du palais aux sept salles. Me reconnais-tu?

Karoubi trembla de tous ses membres.

La tête coupée continua :

— Je suis un des sept pouvoirs que Dieu a mis aux ordres du Prophète. Dieu est las de gouverner la terre ; il va s'enfermer dans les cieux, et le Prophète me charge de t'annoncer que tu es choisi parmi les rois du monde pour être le dieu de la terre.

Karoubi lui répondit : — Qui voudra croire que je le sois ?

Mais le génie disparut sans lui répondre. Quelque temps après, Karoubi eut encore la même apparition, et le génie à la tête coupée lui dit les mêmes choses, mais il lui répondit : Vous me trompez, car comment pourrais-je être le dieu de la terre ?

— Ta puissance, tes grandes actions, et le soin que Dieu a pris de ta destinée, doivent te le persuader. Mais si tu ne me crois pas, fais ce que je te dirai, et tu seras convaincu.

Karoubi, dont l'orgueil était flatté, et qui n'avait plus rien à désirer du côté des grandeurs humaines, lui demanda ce qu'il devait faire.

— Ordonne, reprit le génie que ton trône

soit porté à l'extrémité du promontoire qui abrite Dellys, du côté où le soleil se couche.

On exécuta ce que le génie avait prescrit ; et quand le roi Karoubi se fut assis sur son trône, au bord de la mer :

— Prince, lui dit le génie, il y a au fond de la mer un poisson dont Dieu seul connaît la grandeur, et qui vient tous les jours à terre. Il y demeure jusqu'à midi pour adorer Dieu, et personne ne l'interrompt dans ses prières. Quand elles sont finies, il se replonge au fond des eaux.

Le poisson parut ce jour-là, comme à l'ordinaire, et le génie dit à Karoubi :

— Quoique ce poisson ne veuille rien croire de ta puissance, il a cependant déclaré à tous les poissons que tu étais le dieu de la terre. Il ne redoute rien, et vient aujourd'hui pour s'en informer. Tu sauras la vérité de tout ce que je t'ai annoncé de la part du Prophète, si tu oses seulement lui dire : Je suis le dieu de la terre! Ta voix redoutable le glacera d'effroi; il ne pourra l'entendre sans frémir, et certainement il prendra la fuite.

Cette proposition sourit à l'orgueil de Karoubi, il appela le poisson, et lui cria de toutes ses forces :

— Je suis le dieu de la terre!...

Ces paroles impies firent plonger le poisson jusqu'au fond des eaux, dans la crainte où il était, sans doute, que le ciel ne lançât ses foudres pour punir un tel blasphème.

Mais Karoubi se persuada que le poisson était un infidèle, et que sa présence l'avait mis en fuite. Il s'empressa d'ajouter foi aux paroles du génie, et dès ce moment il ne douta plus de sa divinité. Non-seulement son peuple l'adora, mais il exigeait que tous les étrangers qui débarquaient dans ses états vinssent se prosterner et brûler de l'encens devant lui, et il faisait jeter dans un brâsier ardent tous ceux qui refusaient de lui rendre les honneurs divins.

Parmi les cinquante esclaves qui passaient tous les jours et toutes les nuits à le servir dans son palais, ou à le contempler dans une pieuse extase, il y avait les trois fils d'un marabout vénéré depuis les montagnes de l'est jusqu'aux extrémités du Maghreb. Ce marabout avait porté les armes dans la dernière guerre. Le vainqueur l'avait fait mourir, et avait emmené ses fils, mais leur servitude était douce; l'aîné surtout, qui se nommait Timezerit, était le serviteur de prédilection du roi Karoubi.

Un jour que le roi était à table, Timezerit agitait un éventail pour chasser les mouches qui pouvaient l'incommoder; il en vint une qui se posa avec tant d'acharnement sur le plat de Karoubi, qu'il fut obligé de l'abandonner. Timezerit, frappé de ce petit événement, trouva ridicule qu'un homme qui ne pouvait chasser une mouche importune, prétendît à la divinité.

— Il me semble, se dit-il à lui-même, que l'on ne doit faire aucun cas d'un pareil dieu.

Quelque temps après, Karoubi entra dans un cabinet sombre du harem pour s'y reposer, et Timezerit était encore devant lui, avec son éventail. Dieu envoya la même mouche, et cette fois, elle se plaça sur le visage du prince. Timezerit voulut la chasser dans la crainte qu'elle n'interrompît son sommeil ; mais ses soins furent inutiles ; la maligne bête éveilla Karoubi, et le mit dans la plus cruelle impatience.

Timezerit déjà frappé de ses premières réflexions, se dit encore : — Cet homme assurément n'est pas plus dieu que je ne le suis moi-même ; il ne peut y avoir qu'un dieu, et c'est celui qui a créé le soleil qui m'éclaire.

Il est bien difficile de se livrer à des réflexions sérieuses et de n'en point faire part à ses amis. Timezerit communiqua les siennes à ses frères.

—Un homme qui n'a pu se débarrasser d'une mouche, a-t-il beaucoup de pouvoir sur la nature, leur dit-il ?

— Mais si notre roi n'est pas dieu, quel est celui qu'il faut adorer ?

— Celui, répliqua Timezerit, qu'adorait notre père qui était un saint marabout, trois fois glorifié par le voyage de la Mecque.

A ces mots, les deux frères se souvinrent de leur père; ils eurent honte de se prosterner devant un simple mortel, dans l'attitude de la prière, et ils résolurent d'aller toutes les nuits avec Timezerit prier le vrai Dieu dans un coin désert des jardins du palais.

Karoubi ne tarda guère à être instruit de ce qui se passait. Il fit venir les trois frères au pied de son trône, et leur dit : « Vous adorez un autre dieu que moi ?

Ils se contentèrent de lui répondre : « Nous adorons le souverain du monde. Karoubi prenant cette réponse pour lui, leur fit mille caresses et les fit revêtir de robes d'honneur. Ils se retirèrent ce jour-là comblés des faveurs de leur maître, et leur premier soin fut d'aller remercier le vrai Dieu qui les avait protégés.

Timezerit dit ensuite à ses compagnons :

— Si l'on fait encore au roi un rapport pareil à celui qui nous a mis dans un si grand danger, nous ne devons espérer aucune grâce de sa part. Je crois donc que le seul parti que nous ayons à prendre, c'est de quitter ce pays et d'en chercher un où nous puissions adorer Dieu sans crainte.

— Mais comment prendre la fuite? lui objectèrent ses frères. Nous ne connaissons point d'autres pays que celui-ci.

— Mettons notre confiance en Dieu, reprit Timezerit, et profitons des circonstances. Le roi de Dellys va partir pour ses grandes chasses à cheval, dans la vallée de Sebaou; qui nous empêche de profiter de cette occasion pour nous échapper? Nous franchirons rapidement d'assez vastes espaces pour nous mettre à l'abri de toute poursuite.

Les trois frères firent ce qu'ils avaient résolu; ils poussèrent leurs chevaux si vivement, que ces pauvres bêtes n'en pouvaient plus; il leur fallut les abandonner et continuer la route à pied parmi des régions difficiles et presque impraticables. Enfin, au bout du troisième jour de leur fuite, épuisés de fatigue, de faim et de soif, ils s'arrêtèrent sur le bord du chemin, et prièrent Dieu de les secourir. Les génies du désert les entendirent et inspirèrent à Timezerit la pensée de gravir une montagne au pied de laquelle ils se trouvaient. Ce ne fut pas sans mille peines qu'il parvint au sommet. En arrivant, il vit une fontaine dont l'eau claire et pure était l'eau de la Vie. Près de la fontaine un berger se reposait et chantait.

Timezerit appela ses frères; le peu de paroles qu'il put leur faire entendre réveilla leurs forces, et les soutint dans la rude ascension qu'il leur fallait achever.

Le berger tira de sa besace quelques galettes de maïs qu'il partagea avec eux, et ils se désaltérèrent au courant de la fontaine.

Ensuite, le berger leur dit : Comment avez-vous trouvé le chemin d'un pays où je n'ai jamais vu venir d'étrangers, ni de gens de la plaine? Si je ne me trompe, vous fuyez votre patrie; confiez-moi vos aventures, je pourrai peut-être vous rendre quelque service.

Timezerit n'hésita pas à lui raconter l'histoire du roi Karoubi.

Le berger l'écouta curieusement, puis il dit aux trois frères : Dellys n'est qu'à trois journées d'ici, et vous n'êtes pas en sûreté, car si votre fuite a été remarquée, et si l'on est à votre poursuite, il y aurait peu de chances pour vous d'échapper dans ce lieu désert. Si vous voulez vous fier à moi, je vais vous conduire assez près d'ici, dans une caverne où l'on ne vous trouverait peut-être pas en quarante ans de recherches.

Les trois frères acceptèrent et se mirent en marche. Le berger avait avec lui un jeune chien montagnard qui les suivit; mais comme ils ne voulaient pas l'emmener de peur qu'il ne reconnût la piste et qu'il ne fît plus tard découvrir le secret de la caverne, ils lui jetèrent une pierre qui lui cassa une patte de devant.

Le chien les suivit en boitant.

Ils lui jetèrent une seconde pierre qui lui brisa l'autre patte de devant.

Mais le pauvre animal les suivit encore, en sautillant sur ses pattes de derrière.

Timezerit impatienté lui lança une troisième pierre qui le mit hors d'état d'aller plus loin. Mais Dieu, pour faire éclater sa toute-puissance, prêta le don de la parole au petit chien, qui dit aux trois fugitifs :

— Hélas ! ne suis-je pas, comme vous, une créature de Dieu ? Pourquoi donc faites-vous du mal à qui ne vous en a point fait ?

Timezerit fut si étonné de ce prodige, qu'il prit dans ses bras le pauvre estropié, et ses deux frères le portèrent aussi, l'un après l'autre, en priant Dieu de ne pas les punir de leur dureté.

En arrivant à la caverne dont le berger leur avait parlé, ils se trouvèrent si fatigués, qu'ils se couchèrent sur la mousse, et s'endormirent presque aussitôt. Mais par une permission toute particulière de Dieu, ils dormaient les yeux ouverts, de sorte qu'on n'eût pu s'imaginer qu'ils n'étaient pas éveillés.

Il était écrit qu'ils resteraient en cet état pendant trois cents ans.

Lorsque Karoubi apprit la fuite de ses trois esclaves, il en fut vivement affecté; et repassant dans sa mémoire tous les soins dont il les avait entourés, il maudit ce qu'il appelait leur ingratitude.

Le génie à la tête coupée lui apparut en songe la nuit suivante, et lui dit :

— Tes esclaves t'ont quitté pour aller adorer en liberté un autre Dieu, dans lequel ils ont mis toute leur confiance.

Karoubi, à son réveil, entra dans une violente colère; il pria le génie de lui dire en quel lieu ses esclaves s'étaient retirés.

Le génie sortit alors de dessous le trône, et dit au prince que lui seul pouvait l'y conduire, et qu'il fallait s'y rendre à la tête d'une armée.

Le roi assembla aussitôt l'élite de ses troupes, et le génie, invisible pour tout autre que Karoubi, marcha devant lui jusqu'à la caverne.

Grande fut la terreur de Karoubi, en reconnaissant la caverne dans laquelle il avait autrefois trouvé la tablette d'or, le palais magique, et égorgé le marabout. Toutefois, soutenu par le désir de se venger des fugitifs, il eut la force de marcher jusqu'à l'entrée de la caverne. Mais il en sortit une vapeur empestée, qui fut suivie d'un vent furieux, et les ténèbres couvrirent la terre.

L'armée recula d'épouvante; mais la colère doublant l'audace de Karoubi, il s'élança de nouveau vers le seuil de la caverne; ce fut avec des peines incroyables; et malgré tous ses efforts, un pouvoir irrésistible l'empêcha d'y pénétrer. Seulement il aperçut le petit chien qui dormait, la tête appuyée sur ses pattes, et un peu plus loin, ses trois esclaves et le berger de la montagne, couchés sur la mousse et parfaitement immobiles; mais il ne les crut pas endormis, car ils avaient les yeux ouverts et le regard fixe.

Karoubi, saisi d'un frisson mystérieux, n'osa pas aller plus loin. Il revint auprès de ses soldats, disant qu'il avait trouvé les trois esclaves; qu'ils s'étaient prosternés devant lui sans avoir le courage de lui parler; qu'il les avait laissés prisonniers dans la caverne, en attendant ce qu'il déciderait pour leur châtiment.

Quand il fut seul dans sa tente, il eut recours aux conseils du génie à la tête coupée.

Celui-ci lui proposa de faire venir des architectes pour bâtir une muraille très épaisse qui fermât exactement l'entrée de la caverne, afin d'ôter toute espèce de secours à ceux qui y étaient enfermés.

— Tu auras soin, pour ta gloire, ajouta-t-il, de faire écrire sur cette muraille, le temps, l'année, et les raisons qui t'ont engagé à la construire; c'est le moyen d'apprendre à la postérité, que tu as su te venger avec grandeur, de ceux qui méconnaissaient ta divinité.

Karoubi revint à la caverne avec une caravane d'ouvriers, et les matériaux d'une muraille aussi forte que celle d'Alexandrie. Mais il eut la précaution de faire réserver un passage souterrain, dont lui seul connaissait le secret, dans l'espoir de pouvoir quelque jour s'emparer de ses esclaves, et dans la vue d'examiner les événements qui se passaient dans la caverne. Quand la muraille fut achevée, il posa autour de l'enceinte extérieure une garde de mille hommes, avec ordre de faire périr quiconque aurait la hardiesse de paraître en vue de ce lieu maudit.

Plus d'une fois il se rendit à la caverne par la galerie souterraine qu'on lui avait réservée; il regardait de loin, avec rage, ses esclaves toujours immobiles et qui semblaient le narguer; il cherchait en vain le mystère de cette bizarre immobilité. Leurs yeux qu'ils tenaient ouverts, leur silence à tous les reproches, à toutes les injures dont il les accablait, tout en eux lui paraissait la marque du plus cruel mépris. Un jour qu'il joignit des imprécations contre le ciel aux discours égarés qu'il tenait ordinairement, Dieu permit que le petit chien prît encore la parole, et lui dit :

— Méchant usurpateur du trône des sultans, comment peux-tu blasphémer un dieu qui t'as laissé vivre malgré les crimes que tu as commis? n'es-tu pas le meurtrier de plusieurs saints marabouts, et as-tu déjà oublié la manière dont tu as récompensé le bienfaiteur à qui tu devais ta fortune?

Karoubi, transporté d'une rage impuissante, s'enfuit du souterrain, et revint à Dellys, cacher dans les profondeurs de son palais ses remords et ses inquiétudes. Il apprit en arrivant, que la populace, dans une émeute, avait massacré plusieurs de ses eunuques et traîné ses images dans la boue. On lui dit encore que ses enfants s'étaient pris de querelle et qu'ils s'étaient entr'égorgés. Il les trouva mourants.

Ce spectacle lui navra le cœur. Dans la douleur qui brûlait ses entrailles, il revint seul à la caverne, et tombant à genoux devant ses esclaves toujours immobiles :

— Cruels, s'écria-t-il, je vous devrais les plus affreux tourments pour votre perfide abandon. Mais si vous êtes devenus des génies, prenez pitié de moi ; rendez-moi mes enfants, et je vous pardonnerai.

Les trois esclaves restèrent muets, mais le petit chien reprit encore la parole, et dit à Karoubi :

— La perte de tes fils est le commencement de ta punition. Va, retourne à Dellys ou à Constantine; de nouveaux malheurs t'y attendent.

— C'en est trop ! s'écria Karoubi. Et appelant les gardes qui veillaient autour de l'enceinte extérieure, il leur ordonna d'apporter des fascines et de les amonceler dans la galerie souterraine, espérant que la fumée étoufferait les habitants de la caverne ; mais un vent mystérieux chassa la flamme du côté des soldats qui prirent la fuite avec de grands cris. L'incendie gagna la forêt voisine, et de proche en proche atteignit la ville. Mais les gens de Dellys qui craignaient Dieu furent épargnés ; le palais de Karoubi fut seul réduit en cendres ; et dans ce désastre, il perdit toutes ses richesses.

Il revint humilié, demander grâce aux génies de la caverne, et au tombeau du marabout égorgé. Mais le petit chien lui parla pour la dernière fois, et lui dit : — C'est la crainte et non la piété qui semble amollir la dureté de ton cœur. Eloigne-toi. Dieu connaît ton âme, tu ne peux le tromper. Alors Karoubi, menaçant d'une vengeance éclatante les magiciens qui le persécutaient, prit une flèche et la lança dans la caverne ; mais la flèche retenue par une force surnaturelle tomba à ses pieds ; — et dans le même instant, un serpent d'une grosseur énorme, déroulant ses interminables anneaux, sortit du tombeau du marabout, s'entortilla autour de Karoubi, et le porta disloqué, meurtri, expirant jusqu'à Dellys, traversa la ville, gravit en rampant le cap Bengut, et alla s'enfoncer avec sa proie dans la mer.

Six rois succédèrent à Karoubi, et durant un espace de cent cinquante ans, le souvenir de cet horrible événement vécut au milieu des paisibles habitants de cette belle contrée.

Lorsque les trois siècles marqués par le destin furent accomplis, Timezerit s'éveilla avec l'aurore; il se leva sur son séant, et se dit en lui-même : — il me semble que j'ai au moins dormi pendant trois jours.

Et peu à peu ses deux frères et le berger se réveillèrent aussi, frappés de la même idée.

Timezerit se leva et fut très surpris de trouver à l'entrée de la caverne une muraille construite en gros quartiers de roche qui la fermaient exactement. Il revint trouver ses frères et leur conta ce qu'il avait vu. Malgré cet obstacle, il fallait sortir par quelque moyen, pour se procurer des provisions, car ils se sentaient fort affamés. Ils jetèrent les yeux sur le berger, et Timezerit lui donna quelques pièces d'argent, en lui disant : tu peux te montrer plutôt que nous ; nul ne songera à te faire du mal.

Le berger se leva, et le petit chien, parfaitement guéri, bondit tout à coup autour de lui, avec des aboiements joyeux. Mais il n'y eut pas moyen de sortir de la caverne. Le passage souterrain de Karoubi avait été comblé par le temps. En examinant longuement avec soin les fentes de la muraille dont le ciment s'était détaché, il aperçut un trou par où le corps d'un homme pouvait se glisser ; il regarda et vit qu'aux environs une forêt avait disparu, que la fontaine voisine avait tari, et que le pays avait totalement changé d'aspect.

Timezerit, non moins étonné que lui, lui dit alors : — Donne-moi tes vêtements, je vais passer par cette fente, et j'irai aux environs m'enquérir de ce changement que je ne puis comprendre, et chercher quelque habitation où l'on nous vende du pain.

Le berger lui donna son haïk de laine grossière, et Timezerit se fit, non sans peine, un passage à travers les ronces qui obstruaient la fente ruinée de la muraille. Une route assez praticable le conduisit à la ville, où sur la mosquée flottait un grand étendard vert avec ces mots : Allah est le seul vrai Dieu, et Mahomet est son prophète.

Le fils du marabout admira qu'en trois jours un si grand changement se fût accompli. — N'est-ce point, se disait-il, une vision? Ne suis-je pas sous l'empire d'un songe.

Il rencontra un paysan qui sortait de la ville conduisant un âne chargé de fruits. — Ne suis-je donc pas à Dellys, lui demanda-t-il.

— Vous y êtes, répondit le paysan.

— Et quel est le sultan qui y règne ?

— Il se nomme Baba-Ali.

— Mais il me semble, reprit Timezerit, qu'il y a trois jours, le roi de Dellys se nommait Karoubi. Est-ce qu'il y a eu une révolution?

— Je n'ai jamais ouï parler de Karoubi, répliqua le paysan qui prit Timezerit pour un fou.

— Mais par le saint tombeau de la Mecque, je suis donc endormi? s'écria de nouveau Timezerit. Réveillez-moi, je vous en conjure.

Le paysan lui rit au nez, haussa les épaules et chassa son âne devant lui.

Timezerit entra dans la ville qu'il ne reconnut d'aucune façon ; les rues et les maisons lui parurent sous une forme nouvelle, il s'arrêta devant la boutique d'un boulanger. Le marchand l'examina avec tant d'attention, que Timezerit en fut alarmé.

— Pourquoi me regardes-tu ainsi, lui dit-il, donne-moi du pain, prends mon argent, et ne t'embarrasses pas d'autre chose.

Le boulanger lui dit alors avec une vive curiosité : — Où as-tu trouvé cet argent.

— Que t'importe? reprit Timezerit.

— Je ne connais point cette monnaie, répliqua le marchand ; elle n'est point marquée au coin du sultan qui règne aujourd'hui, fais-moi part du trésor que Dieu t'a fait la grâce de découvrir, et je te promets le secret.

—Je n'ai point trouvé de trésor, s'écria Timezerit avec impatience. Mon argent est marqué du sceau du roi Karoubi, le maître absolu de ce pays. Que puis-je te dire de plus?

Mais le boulanger, toujours frappé de son idée, ne voulut point le laisser partir.

— Tu viens de la campagne, poursuivit-il. Je le vois à tes habits grossiers ; et crois-moi, ton métier de berger ne t'a pas rendu assez fin pour me tromper, ni pour m'imposer tes mensonges maladroits. Si tu ne veux pas me faire part du trésor que tu as trouvé, je vais te dénoncer au roi ; il saura te faire parler, et il s'emparera de tes richesses, et peut-être seras-tu mis à mort pour n'avoir point fait ta déclaration. Car tout ce qui est en pays musulman, hommes et choses, appartient au sultan.

Timezerit fatigué des péroraisons du boulanger, voulut prendre le pain et s'en aller; mais le marchand cria ; la dispute s'échauffa, les chaoux du kadi accoururent au bruit avec un grand concours de peuple.

Timezerit disait au boulanger : — Je ne suis sorti qu'il y a trois jours de la ville; qui peut donc faire imaginer que j'ai trouvé un trésor?

— Rien n'est plus vrai, criait le boulanger, et tu en dois compte au roi.

Les chaoux s'emparèrent de Timezerit, et le conduisirent devant le roi. On lui exposa le sujet de la contestation, et Baba-Ali dit à Timezerit : — Où as-tu trouvé ces vieilles monnaies?

— Seigneur, lui répondit le fils du marabout, je les ai emportés de Dellys il y a trois jours, mais cette ville a pris, depuis mon départ, une forme si différente de celle que je lui connaissais, que je ne sais plus si je vis, si je rêve, ou si je suis dans l'autre monde. Tous ceux que j'ai rencontrés, tous ceux que je vois me sont inconnus; cependant je connaissais bien Dellys, et j'y avais des parents. Je ne puis exprimer le trouble de mes sens.

— Tu parais avoir de l'esprit, reprit Baba-Ali; ta physionomie est heureuse, et n'a rien d'altéré; comment tes paroles sont-elles si peu raisonnables? Est-ce pour m'abuser que tu feins d'avoir perdu la tête? Je veux savoir où tu as caché le trésor que ta bonne fortune t'a fait rencontrer. J'en prélèverai seulement la moitié, et je consens à te laisser le reste.

— Seigneur, dit Timezerit, je n'ai point trouvé de trésor, mais je crois avoir perdu l'esprit.

Timezerit n'osait parler trop clairement. Il craignait toujours que ce prétendu roi Baba-Ali, qu'il ne connaissait pas, ne fût un visir de Karoubi, et qu'il ne le livrât à ce prince qui pouvait être absent, ou résider à Constantine, la seconde ville de ses états.

Un Taleb qui se trouvait là et qui était très versé dans la science de la loi et des événements de l'histoire du pays, se souvint alors vaguement du nom de Karoubi. Il vint se prosterner devant le roi, et après s'être relevé il lui dit à l'oreille : « J'ai ouï dire que du temps de Karoubi, trois esclaves s'étaient enfuis de son palais et réfugiés avec un berger et un chien, dans une caverne de la montagne des ***Fils de la Nuit***, race indépendante et sauvage qui n'a jamais reconnu l'autorité des sultans. On raconte qu'un mystérieux arrêt des destins les devait tenir endormis dans cette caverne pendant trois siècles, et que leur réveil doit rappeler le peuple au milieu duquel ils paraîtront, à une plus fervente observation des préceptes du Prophète. Interroge donc ce jeune homme, et peut-être, avec tes lumières et la grâce du Tout-Puissant, parviendrons-nous à la découverte de la vérité.

Baba-Ali, se tournant vers Timezerit, lui commanda de faire le récit de ses aventures, sous peine de se voir immédiatement mis à mort, s'il se permettait la moindre imposture.

Timezerit, songeant alors à ses compagnons de la caverne qui devaient attendre son retour avec la plus vive anviété, et qui, peut-être, mouraient de faim, confessa, en tremblant, tout ce qui lui était arrivé; et son récit fut trouvé conforme à la tradition que le Taleb venait de rapporter.

Baba-Ali ordonna qu'on accompagnât Timezerit à la caverne où ses frères l'attendaient avec le berger et le chien. Il amena beaucoup de monde pour abattre la muraille. Mais lorsque Timezerit entra dans la caverne, après avoir franchi les ruines, il rendit l'esprit, et ses compagnons moururent tous à la même heure en disant : « Il n'y a point d'autre Dieu qu'Allah, et Mahomet est son envoyé. »

Baba-Ali se prosterna avec tout le peuple.

Quand ils se relevèrent, l'entrée de la caverne s'était fermée d'elle-même, et on n'en put retrouver nul vestige. Le roi de Dellys voulut, qu'avec les débris de la muraille, on élevât à cette place un immense marabout, qui n'a cessé, depuis cette époque, d'être un objet de vénération et de pèlerinage pour tous les croyants du Maghreb.

Voilà la légende de Timezerit.

Que le Tout-Puissant fasse miséricorde à ceux qui la liront, et les conduise dans la voie du salut.

Mais que les lectrices qui n'y auraient trouvé qu'un médiocre intérêt, n'accusent pas de leur ennui l'humble éditeur de Paul Fabert.

X

> La fleur incline sa tête au souffle de la brise, et semble lui dire : — Zéphir importun, laisse-moi reposer ; l'instant qui doit me flétrir est proche, et le vent jonchera bientôt la terre de mes débris.
>
> OSSIAN.

Les jardins de Dellys.

Hourrah !......

Le camp s'éveille à sec. Est-ce un rêve?

Les plantes africaines ont relevé leurs frais calices longtemps courbés sous la tempête ; les cultures inondées verdissent plus que jamais ;

les nuages, comme de longs fantômes, fuient dans les rouges lueurs d'une aube enflammée; l'horizon d'opale et de nacre se baigne dans l'azur; les montagnes apparaissent toutes roses de bruyères fleuries.

Mahomet n'est plus de semaine.

Le kadi des Beni-Khalfoun, dont le chef est avec nous, apporte de bonnes nouvelles. Il arrive de Timezerit.

Il a assisté à l'assemblée des Kabyles. Une grande perplexité règne au milieu de tous les groupes; les Flissas, qui ont tout à perdre et que ruine, comme une invasion, le séjour des contingents auxiliaires qu'il faut fournir de vivres et de fourrages, et qui dévorent à merci le territoire qu'ils sont venus défendre; les Flissas voudraient la paix, car le véritable ennemi, c'est la ruine des cultures, c'est le gaspillage des fruits des arbres, c'est le piétinement des chevaux sur les récoltes en herbe.

Les Flissas sont braves; ils seraient prêts à mourir jusqu'aux derniers; mais leurs femmes, leurs enfants, leurs vieillards? que deviendront, au sein du ravage et de la dévastation, tant d'objets chers aux peuples sédentaires, aux tribus qui ne peuvent fuir, comme les gens de la plaine, emportant au loin leurs villages mouvants, leurs richesses et leurs familles? Depuis que nous sommes en face de leurs montagnes, la prévision de l'attaque les tient sous les armes. Mais pour cela, ils ont quitté leurs toits de pierre, ils n'ont ni tentes, ni abris. La pluie les a glacés et la misère les consume. Leurs alliés ne valent pas plus qu'un ennemi pour ces hommes qu'attachent au sol les bonheurs simples et vrais de la propriété.

— Ne vous réjouissez pas du retour du soleil, dit le kadi, car son éclat réchauffe vos adversaires, et durcit la terre sous les pas des guerriers. Les peuples de la montagne, race pauvre et dure, ne sont pas venus pour se retirer sans combattre; mais si les pluies avaient encore duré dix jours, la disette les aurait renvoyés dans leurs villages lointains, mieux que ne feraient peut-être dix journées de poudre.

Déjà le soleil est haut dans les cieux. Les coursiers ranimés piaffent et bondissent; les hommes nettoient leurs armes et changent leurs cartouches mouillées.

Puis, voici le courrier d'Alger, les bateaux à vapeur sont arrivés à Dellys. Nous partons pour aller au-devant d'eux.

C'est le 6 mai. Le général Gentil, la colonne de droite, plus deux bataillons du 48ᵉ et du 53ᵉ, et toute la cavalerie régulière gardent le camp de Bordj-Ménaïel. Le reste de l'armée se met en route au bruit des fanfares.

On se dirige vers le nord-est par le pays des Issers. Leur kaïd Ben-Gannah nous rejoint avec les mulets de réquisition.

Le sol des vallées est limoneux comme après le débordement d'un grand fleuve. Nous traversons et laissons à droite l'Oued-Schendel, affluent de l'Isser. Vers l'est, s'étendent à perte de vue des plaines richement cultivées en céréales; les habitants, rassurés sur la foi de leur neutralité, n'ont pas quitté leurs villages, des troupeaux innombrables foulent tranquillement les gras pâturages des collines.

En arrivant sur les hauteurs du sahel qui domine l'Oued-Schendel, on aperçoit au loin la pointe Pescade, qui porte dans la mer ses blanches batteries, et la ville d'Alger, qui semble une tache de craie entre la verdure sombre du Bou-Zariah et les flots bleus qui dorment à ses pieds.

Des vestiges de construction romaine se dressent encore, tombeaux des civilisateurs du vieux monde, qui saluent à vingt siècles de distance les conquérants modernes de leur héritage.

A 6,000 mètres en avant de nous, s'assied la masse carrée du Bordj-Sébaou, sur la pente d'un mamelon qui regarde le nord. Plus loin, à dix mille mètres, le Bordj-Tiziouzou, dernier avant-poste de la puissance turque, occupe une autre hauteur. Partout se pressent de grands villages entourés de vergers.

Au sud, à près de trois mille mètres, la lunette fait distinguer deux cents cavaliers des Ameraouas, rangés sur le plateau d'une colline d'où ils semblent nous observer. Les pentes nord des montagnes de Timezerit, dont nous sommes séparés par deux étroites vallées, sont aussi chargées de villages en pierre avec des toits de briques. Les guides arabes de la colonne nous font remarquer les vastes propriétés de Ben-Zahmoun, chef des Flissas.

Plusieurs sentiers qui suivent les arêtes de

la montagne démontrent qu'elle n'est pas inaccessible, mais que le passage y sera vivement disputé. Le pays des Ameraouas s'enfonce vers l'est, au-delà des forts de Sébaou et de Tiziouzou.

A cinq heures du soir, l'armée passe l'Oued-Benarous (rivière des cascades); — sur ses bords ombragés, deux villages accroupis dans le lit d'un ravin, près d'une chute d'eau limpide, sont remplis d'habitants qui nous regardent passer. Nous faisons halte sur le mamelon de Souk-el-Etnin, où se tient tous les lundis le marché des tribus voisines; au pied de cette pente coule l'Oued-Nessa, large de quatre cents pieds à l'endroit où nous le trouvons guéable.

Après le dîner auquel fut convié Mahi-el-Din, le maréchal, sachant que le kalifa enviait l'honneur de faire jouer sa musique arabe devant lui, lui fit dire par le colonel Daumas qu'il était tout disposé à goûter ce plaisir indigène.

Aussitôt cornemuses, flûtes et tamtams s'empressèrent d'arriver sur un signe du maître. Quand tous se furent assis en cercle devant la tente du maréchal, la fête commença; mais dès le prélude de cet orchestre incroyable, les chevaux de l'état-major, si dociles à la voix des ophicléïdes du 53e, brisèrent leurs entraves avec des hennissements furibonds, et commencèrent, à travers les tentes, les feux et les faisceaux d'armes, des exercices de haute voltige qui mirent le camp en révolution. Force fut aux dilettanti de renoncer au concert pour faire courir après leurs montures effarées.

Cette scène-là en valait bien une autre.

Le maréchal s'amusa beaucoup de ce petit incident. Le khalifa Mahi-el-Din riait sous cape.

— Je te disais bien, murmurait-il à l'oreille du colonel Daumas, que ma musique est excellente pour animer les chevaux.

On dit que le son des cloches attire la foudre; il est possible que la musique du goum arabe ait réveillé Mahomet à la droite d'Allah, car il mit *le nez à la fenêtre* comme le bon Dieu de Béranger, et nous voyant à Souk-el-Etnin, il maugréa dans sa barbe contre les hardis voyageurs qui allaient encore lui prendre sa ville de Dellys, et leur envoya une nuit affreuse.

Au point du jour, le 7 mai, toutes les cataractes du ciel avaient rompu leurs digues; la pente de Souk-el-Etnin était battue en brèche par des trombes d'eau que le vent chassait en criant. L'Oued-Nessa, si limpide et si calme dans la soirée de la veille, clapotait comme une mer houleuse. Vers dix heures, son courant mordait les talus des deux rives et se couvrait d'argile et de débris. Le maréchal comprit qu'une heure plus tard il se verrait bloqué comme aux bords de l'Isser. Le camp était de tous côtés entouré d'ennemis ; le passage du fleuve était une nécessité ; l'ordre fut donné.

La pluie tombait en douches glacées.

L'armée descendit lentement les pentes de Souk-el-Etnin. Le maréchal poussa son cheval au milieu des vagues.

L'infanterie le suivit dans l'eau jusqu'aux aisselles, et soutenant avec peine ses fusils au-dessus de sa tête.

C'était, de l'autre rive, un magnifique spectacle à voir.

Le brigadier de l'escorte du maréchal s'arrêta au point où la colonne devait reprendre terre. Vingt-cinq spahis formèrent une chaîne dans la rivière, tenant la tête de leurs chevaux en amont pour marquer le gué et diminuer la force du courant, et les soldats marchaient dans les flots, en se tenant sous les bras pour ne pas perdre pied.

Mais, de minute en minute la crue montait, montait toujours, on ne voyait plus que des têtes rasant la surface de l'eau, et de toutes ces têtes s'élevaient les chants de la *Marseillaise*. Un homme se laissait-il entraîner, vîte un spahis le débarrassait de son fusil; le fantassin saisissait la queue du cheval et gagnait ainsi le courant, moitié nageant, moitié remorqué. Plusieurs n'arrivaient ainsi qu'à demi-asphyxiés, mais l'excellent docteur Philippe, chirurgien principal de l'armée d'Afrique, les recevait et leur prodiguait des secours immédiats. Le docteur Philippe est l'homme le plus dévoué à son devoir, le plus doux pour le soldat et le plus habile en fait d'opérations qu'il soit possible d'imaginer. Paul Fabert trouvait un charme infini dans ses entretiens, et se fût volontiers fait casser bras ou jambe pour le plaisir d'être amputé par les soins d'un si encourageant dissecteur. Paul Fabert ne fait ici que voter au brave Philippe un scalpel d'honneur, au nom de l'armée reconnaissante.

Le fameux passage du Rhin si bien décrit dans les vers de Boileau, ne fut qu'un saut de cuvette, auprès de l'Oued-Nessa.

Les bagages avaient passé sans malheur. Les mulets et les plus modestes bourriques s'en étaient acquittés glorieusement. Mais quand la cavalerie de Mahi-el Din voulut à son tour s'engager dans l'abime mouvant, elle trouva l'eau si haute, qu'il lui fallut rétrograder après avoir perdu trois hommes. Une cinquantaine de Français restèrent avec elle.

Le pays des Ameraouas commence à la rive droite de l'Oued-Nessa. Le premier village que rencontra l'armée appartient à un marabout tellement vénéré, que dans les guerres les plus acharnées entre les tribus, son territoire avait été respecté de temps immémorial. Le maréchal défendit qu'on troublât cette population paisible. On s'arrêta un peu plus loin, car les chemins devenaient impossibles, et le déluge ne cessait point. L'armée s'établit tant bien que mal sur un côteau qui domine quatorze villages dont chacun compte au moins quarante maisons de bois ou de pierre, parmi des vergers couverts d'oliviers, de figuiers, de vignes et d'arbres à fruits de toute espèce. Tout le pays est en pleine culture. L'orge, les fèves et le froment y déroulaient d'immenses nappes de verdure.

La nuit suivante fut tourmentée par de violents orages. Au retour de l'aube, la crue de l'Oued-Nessa semblait avoir un peu diminué, mais le gué que nous avions franchi, restait impraticable; et dans la matinée, le courant grossit de nouveau.

Cependant nous marchions, en descendant

le lit de la rivière, sur le pays des Beni-Thour, à travers des marécages où chevaux et mulets bronchaient à chaque pas. Les villages de cette tribu étaient abandonnés. Le maréchal pensa que les habitants s'étaient réfugiés à Dellys, et ne permit point que rien fût détruit. Il traça son camp sur les rochers de Statire, au-dessus de l'embouchure de l'Oued-Nessa, qui porte en cet endroit le nom de Bouberak. De nos bivouacs, nous vîmes Dellys à nos pieds, et sur l'autre rive du fleuve qui refoulait la mer de ses ondes furieuses, nous apercevions les tentes de notre allié Mahi-el-Din, qui attendait avec impatience le moment de nous rejoindre.

La petite ville, ou plutôt la bourgade de Dellys, compte cent dix maisons bâties en briques et couvertes en tuiles. D'anciennes ruines qui couvrent le sol et les hauteurs voisines prouvent l'antique importance de ce point de la côte, où les Romains avaient un grand poste militaire. Une mauvaise chemise en pisé, qui s'écroule en beaucoup d'endroits, peut à peine la défendre des assauts des Kabyles. Elle s'étend du nord au sud-est. Les maisons sont groupées par huit ou neuf. Au milieu de la ville règne une petite place, en forme de trapèze, et ombragée de figuiers. En rentrant du côté de l'est, on trouve à droite la mosquée, bâtisse assez vaste, composée de huit nefs dont les arceaux supportent une toiture de chaume revêtue en briques rouges; son minaret, construit avec des pierres taillées provenant des débris romains, menace ruine lui-même.

En sortant de Dellys par le nord-ouest, on reconnaît les vestiges d'une porte antique, flanquée de tours dont les assises ont usé le temps. A gauche, un sentier empierré gravit la pente d'un mamelon où s'élevait jadis une citadelle faisant face à la mer. Des restes de constructions, d'aspect cyclopéen, marquent encore l'emplacement de fortifications imposantes. La ville a une petite rade, abritée contre les vents d'ouest par le cap Bengut qui s'avance au loin dans la mer, et brise de ses angles le courant du Bouberak. On dirait un lion couché, la tête au nord et les pieds dans la mer. Sur sa croupe est assis un marabout carré, tout entouré de tombeaux.

A l'ouest de la ville et sur les flancs du mamelon qui la domine, on voit plus de soixante fermes qui s'étendent à plus d'une lieue en côtoyant la mer. De riches plantations de vignes, de caroubiers, de figuiers, font de ce rivage un délicieux jardin. De la crète du mamelon, l'œil découvre, par un temps clair, d'un côté la pointe Pescade, et de l'autre, les pics sauvages du Gourayah, montagne de Bougie.

Notre arrivée ne causa nul effroi aux gens de Dellys, qui l'attendaient comme une protection. Ben-Salem avait voulu les contraindre à émigrer ; mais les Kabyles des hauteurs voisines lui avaient déclaré qu'on leur passerait sur le corps, avant qu'ils consentissent à laisser abandonner cette ville qui était pour eux un point de relations continuelles avec Alger. A notre approche, Abd-el-Rahman, l'ancien khalifa de Ben-Salem, qui était gouverneur, s'était retiré avec quelques habitants, pour aller faire cause commune avec nos ennemis ; ce chef réunissait sous son autorité supérieure, les Beni-Thour, les Beni-Sliem, les Beni-Ouagnoun, les Ameraouas, et autrefois la tribu des Issers qui venait de se soumettre.

Un des principaux de la ville, Mouloud, vint au-devant de nous pour se porter garant des dispositions de ses concitoyens. Mouloud est un homme jeune, robuste, intelligent, ennemi personnel d'Abd-el-Rahman. Le maréchal le nomma kaïd de Dellys, parce qu'il avait su contenir les habitants, malgré les intrigues de

Ben-Cassem-Ou-Kassi, chef des Ameraouas, qui voulait les entraîner dans la ligue des montagnes.

Le maréchal le fit inviter à prendre le café dans sa tente. — D'un commun accord les gens de Dellys nous offraient leur mosquée pour y établir un magasin, et quatre maisons voisines pour loger la garnison qu'ils sollicitaient. Le maréchal leur promit de faire réparer la mosquée dès qu'elle ne nous servirait plus, et de leur en faire construire une autre, si l'on croyait utile de la garder. Il fit donner aux individus dont on prenait les maisons pour loger la troupe, celles que les émigrés avaient abandonnées. On se réserva seulement les jardins et la maison de l'ancien khalifa. Cette disposition isolait la portion de la ville que nous devions occuper, de celle où l'on jugeait convenable de laisser les habitants à l'abri du contact un peu rude de nos soldats.

Dans le port se trouvaient rendus l'*Euphrate*, que montait l'amiral, et le *Vautour*, commandé par son chef d'état-major, M. Fourichon. Ces bâtiments nous apportaient 150,000 rations, de la poudre, des fusils de rechange, et des masses de projectiles. Les habitants de Dellys nous aidèrent à débarquer ce convoi, et à le ranger dans la mosquée. On leur distribua cent vingt fusils pour les organiser en milice. Une garnison de cent tirailleurs indigènes, de cinquante hommes du génie, avec deux obusiers, leur fut laissée sous le commandement d'un capitaine, et une demi-compagnie de discipline fut demandée à Philippeville pour travailler immédiatement aux blockaus, et aux ouvrages de fortifications. L'ordre fut en même temps expédié au *Liamone* qui faisait le service de stationnaire à Bougie, de venir s'embosser devant la ville, pour protéger ses abords du côté de l'est.

Le maréchal passa quatre jours devant Dellys, pour organiser complètement cette conquête pacifique dont l'avenir doit faire un excellent port de commerce.

Le kaïd Mouloud qui venait souvent visiter le camp, nous apprit que jusqu'à quatre journées de Dellys, les Turcs s'étaient réservés d'immenses terres, qu'ils nommaient biens du beylik. Ces terres s'étendent, de l'ouest à l'est, depuis le Bordj-Menaïel jusqu'au-delà du Bordj-Tiziouzou, et du sud au nord, depuis le Bordj-Sebaou jusqu'à Dellys; — elles étaient en quelque sorte louées aux Kabyles. Les tribus des Ameraouas et des Issers, organisées en *maghzen*, cavalerie irrégulière, s'appuyaient sur les petits postes de Bordj-el-Boghni, Bordj-Menaïel, Bordj-Sebaou, Bordj-Tiziouzou, et tombaient, de là, sur les récalcitrants qui ne payaient pas leur redevance. De cette façon, les Turcs, en arrêtant à volonté le commerce des Kabyles, maintenaient ces montagnards chez lesquels ils n'étaient guère en mesure de s'aventurer, et ils les forçaient à devenir, sinon leurs tributaires exacts, du moins les locataires forcés du territoire fertile qui règne au pied des chaînes du Djerjerah. Vers la saison d'automne, au moment du labour, ils dressaient des embuscades dans chaque pli des vallées, coupaient la tête à quiconque se montrait dans la plaine et produisaient une telle terreur morale, que les Kabyles, abandonnant leurs travaux, n'osaient de longtemps se risquer hors de leurs montagnes.

Pendant notre séjour, quelques marabouts des villages d'alentour vinrent offrir leur soumission, en demandant qu'on les protégeât contre la vengeance des Ameraouas; le maréchal, ennemi des postes inutiles, et ne pouvant d'ailleurs affaiblir sa colonne, les renvoya dire aux chefs de leurs tribus qu'il n'acceptait que des soumissions régulières et complètes.

Le khalifa Mahi-el-Din était toujours arrêté sur les bords infranchissables du Bouberak ; et cependant une attaque nocturne pouvait le menacer. De nombreux cavaliers avaient paru sur les crêtes qui dominaient son camp. Un bataillon d'infanterie et deux obusiers furent envoyés le 9 mai, avant le jour, sur la rive droite du fleuve, vers l'embouchure ; et un des bateaux à vapeur devait se rendre au même point pour protéger le *Goum* à coups de mitraille, si l'ennemi tentait une agression ; mais le temps était si affreux qu'il ne put ni croiser, ni débarquer de vivres pour nos alliés, comme on l'avait espéré.

Cependant de nouveaux renseignements nous arrivaient. Notre marche sur Dellys avait fait penser aux Kabyles que nous allions à Bordj-Sebaou pour attaquer de deux côtés la montagne des Flissas. La pluie incessante commençait à décourager beaucoup de monde ; et les moins guerriers regagnaient leurs villages ; mais les plus âpres peuplades, celles qui habitent les roches arides, qui sont pauvres et se savent redoutées, maintenaient par la crainte les habitants des pentes fertiles et des premières zônes de la plaine. Le chef Ben-Cassem, donnant un sauvage exemple, avait envoyé sa famille en ôtage chez les Beni-Rateun, et il avait exigé que les chefs de la plaine fournissent la même garantie d'une résistance décidée à l'invasion française.

Malgré les mauvais temps, l'armée n'avait que dix malades, que l'*Euphrate* évacua sur Alger. Un hôpital provisoire fut installé à Dellys pour les premiers besoins.

Le 10 mai, le lit du fleuve ayant baissé, le *Goum* de Mahi-el-Din remonta ses bords jusqu'au gué de Souk-el-Etnin, et opéra son passage. La colonne du général Korte s'était portée à sa rencontre et la ramena au camp dans la matinée du 11. Leur mouvement fut suivi par une quarantaine de cavaliers ameraouas. Un engagement eut lieu avec les voltigeurs du 48e qui formaient l'arrière-garde et qui perdirent deux hommes. L'ennemi laissa trois morts.

Cette journée fut employée à disposer le convoi pour le départ du lendemain. Une chaleur excessive avait tout-à-coup succédé aux grandes pluies. Paul Fabert serait tombé malade, sans son amour de la guerre, et son extrême confiance dans les pilules du docteur Philippe.

— Courage, lui disait aussi le capitaine Guilmot, son camarade de tente; demain, s'il plaît à Dieu, nous danserons au bruit de la poudre; — mais les Kabyles payeront les violons.

XI

Les malheurs d'un crapaud.

Tristement couché sur un lit d'artichauts sauvages, recouvert d'une peau de mouton, Paul Fabert sentait la fièvre agiter son sang; une anxiété secrète, indéfinissable, crispait par moments ses nerfs irrités.

Son voisin Guilmot ne dormait que d'un œil; il était, cette nuit là, tout obsédé de vapeurs.

L'objet de ses soucis n'était pas mademoiselle Miette, la plus honnête de toutes les mules blanches qui aient jamais porté une tente de bivouac en bivouac, ou une belle dame dans les vallons verts du sahel d'Alger.

Mademoiselle Miette dormait du sommeil des justes.

Mais, de quart-d'heure en quart-d'heure, des hennissements provocateurs troublaient le repos du digne capitaine de chasseurs. Des jarrets d'acier battaient le briquet sur les rochers, puis, des temps de galop annonçaient qu'un Spartacus à quatre pieds venait de briser ses liens.

— Engelras, Engelras, criait Guilmot, d'une voix désespérée, mes chevaux sont détachés! courez vite!

— L'impassible Engelras se levait; en numérotant ses mouvements, comme à l'exercice. Quand il était tout-à-fait sur pied, les chevaux, bonnes créatures, embarrassés de leur liberté, étaient revenus d'eux-mêmes au fourrage commun.

Maître Engelras se recouchait.

Son capitaine implorait de nouveau la quiétude de l'oreiller.

Paul Fabert se retournait, sans mot dire, sur ses artichauts sauvages.

Puis la scène recommençait. — Mes chevaux sentent la bataille, disait Guilmot.

— La terre sera froide demain ; pensait Paul Fabert.

— Ces diables de bêtes ne se casseront donc pas le cou ! murmurait Engelras.

Le capitaine s'endormit en bégayant : — Engelras, mes chevaux se détachent !...

Mais rien ne bougeait.

Tout-à-coup, une trentaine de coups de fusil éclatèrent sur la limite du camp.

D'un saut, Paul Fabert fut debout.

Dans l'obscurité, Guilmot le prit au collet, croyant tenir un Kabyle, et ne le lâcha qu'après s'être bien assuré de l'identité de son camarade.

Tous deux s'élançèrent hors de la tente; le maréchal était à cheval.

Des feux allumés sur les collines lointaines secouaient des gerbes d'étincelles sur des broussailles fumantes. Des silhouettes blanchâtres se mouvaient dans cette fauve lueur. Les Kabyles veillaient.

C'était donc une attaque de nuit!...

Le camp français s'était levé comme un seul homme. Chaque soldat était à son poste; il n'y avait ni cris, ni confusion. L'ordre était partout : — la confiance régnait.

Les coups de fusils ne furent pas renouvelés. Un officier vint informer le maréchal que des maraudeurs arabes s'étaient glissés, à la faveur des ténèbres, jusqu'auprès des avant-postes. Les sentinelles avaient tiré ; les échos avaient répété le bruit des explosions, — c'était tout.

Par mesure de précaution, les bataillons du général Korte, furent mis sous les armes.

Le camp rentra dans le silence.

La vive excitation qu'avait ressenti Paul Fabert, avait coupé sa fièvre, mieux que n'eût fait tout le quinquina des ambulances. Il regrettait que l'attaque de nuit qu'il avait espérée n'eût été qu'une alerte.

— Mon cher Guilmot, dit-il, ces gaillards là pourraient bien revenir.

— Je ne demande pas mieux, répondit le

capitaine. Nous en avons bien vu d'autres, mais cela pourrait vous amuser; c'est de la poésie, comme on n'en fait guère à Paris.

— Avez-vous sommeil?

— Ma foi non; et puis, j'ai toujours peur que nos chevaux se détachent. Ce butor d'Engelras n'est bon qu'à dormir; et voyez un peu, si l'alerte avait été une attaque, et s'il m'avait fallu en pareil moment, courir après mes chevaux...

— Vous avez raison, reprit Fabert; mais, d'honneur, ajouta-t-il en riant de tout son cœur, demain nous nous battrons, et si le malheur veut que vous tombiez, je crois que votre dernier mot sera encore: — Engelras, mes chevaux s'échappent!

Le capitaine voulut bouder; mais son compagnon le prit par son faible, en le suppliant de commencer une de ces belles histoires arabes dont sa mémoire est meublée et qu'il conte si bien.

Ils s'étendirent sur leur couchette respective, après avoir allumé une bougie pour ne plus se méconnaître, et Paul Fabert bourra sa pipe.

— Connaissez-vous Tlemcen? lui demanda Guilmot, après une pause, en aspirant trois doses du plus fin macouba, dans sa tabatière en racine de buis, grande comme une boîte à jeu de dominos.

— Tlemcen?... Après vous, sire, s'il en reste, répondit Paul Fabert.

— O ignorant littérateur! reprit le capitaine, vous saurez donc que Tlemcen était encore, au seizième siècle, la capitale d'un fameux royaume du Maghreb, qui reconnut un moment la domination espagnole... Eh bien! ce n'est plus aujourd'hui qu'une bicoque, où rien ne rappelle son antique splendeur.

— En ce cas, interrompit Paul Fabert, si

vous restiez à Tlemcen, je tâcherais d'aller dans le pays des songes.

— Comme vous voudrez, reprit l'impatient historien; alors vous ne saurez pas mon histoire des *malheurs d'un crapaud*.

— A demain !...

— Demain, demain? sait-on qui vit et qui meurt? Demain nous retournons à l'Oued-Nessa, et nous ne le repasserons pas si facilement.

— Vous croyez ?

— Vous m'en direz de bonnes nouvelles:

— En ce cas, mon docte ami, reprenez votre récit.

— Pourquoi? vous y tenez fort peu.

— Allons, s'écria Paul Fabert, ne faites pas la coquette pour vous faire prier. Me voilà tout oreille pour toute cette nuit, si vous le voulez. Comme demain nous pourrions aussi bien coucher sous la terre que dessus, et cela pour un peu de temps, je renfonce mon sommeil, et j'écoute.

— Et si vous preniez, dit Guilmot, une prise de mon Macouba, cela vous éclaircirait la vue prodigieusement.

Cette offre séduisante n'était qu'une atroce perfidie, Guilmot ouvrit sa tabatière, et sous le prétexte d'une prise à prêter, il en puisa trois nouvelles; il ne resta rien pour son compagnon : presque aussitôt un éternuement colossal, tel que celui du géant Goliath sous le premier coup de fronde du roi David, ébranla les piquets de la tente, éteignit la bougie, et causa une telle surprise au factionnaire voisin qu'il arma son fusil, en criant : qui vive?

Le qui-vive fut répété sur toute la ligne de postes ; puis le camp se rendormit.

— Prenez garde, dit Paul Fabert à Guilmot, si vous éternuez encore de cette force là, nos chevaux pourraient bien s'envoler.

De la tente à demi ouverte, la vue se glissait au loin sur la mer. Les reflets de la lune s'y baignaient comme en un lac d'argent; et la fumée blanche des bivouacs se tordait en mille figures bizarres qui semblaient, monter vers le ciel en se donnant la main.

— Tenez, continua Paul Fabert, je n'ai plus envie de dormir; la nuit est belle à faire rêver les plus étranges choses. Voyons, ne soyez plus égoïste, et ne prisez plus; mais racontez-moi les malheurs de votre crapaud, puisque hier, je vous ai moi-même narré fidèlement la légende de Timezerit.

— Il y avait jadis, reprit Guilmot, dans la cité mauresque de Tlemcen, un joailler juif nommé Rachmin-ben-Yakoub......

— Halte-là, mon maître ;..... et le crapaud?

— Patience!...

— Vous m'avez promis un crapaud.

— Son père.....

— Est-ce le père du crapaud ?

— Eh non, le père de Rachmin...

— Au diable votre bijoutier..... Je réclame instamment, je vous prie, et vous somme au besoin, de me livrer mon crapaud mort ou vif.

— Mais, mon cher, quand vous faisiez des romans, vous commenciez bien votre histoire par un bout.

— Oui, mais je posais mes personnages.

— C'est ce que j'allais faire.

— Et le crapaud?

— Son tour viendra : c'est le dénouement.

— Alors, si vous commenciez par le dénouement? J'aimerais mieux cela.

— Si je vous avais ainsi taquiné quand vous m'assommiez hier avec votre stupide Karoubi.....

— Mais, je ne suis pas l'inventeur de cette fable.

— Ni moi celui de mon récit de cette nuit, car ce n'est pas un conte, c'est une tradition.

— En ce cas, respect à la tradition; je vénère la tradition, j'idolâtre la tradition !

— Donc, le père de Rachmin-ben-Yakoub avait laissé, en mourant, une fortune considérable à son fils. Mais comme les Maures sont les persécuteurs acharnés des débris d'Israël, l'estimable joailler s'était contenté, toute sa vie, d'une humble boutique sans étalage pour mettre en défaut la sordide avarice des enfants du Prophète. Quand on venait lui demander à acheter des joyaux, il feignait toujours de ne rien avoir à lui, et de ne faire que la commission au bénéfice de ses confrères étrangers, qui lui accordaient un très modique profit sur les riches affaires qu'il leur procurait.

Mais en réalité, le vieux renard cachait dans une cave secrète de sa maison, ses marchandises précieuses, et des vases remplis d'or et d'argent.

Quand il se sentit près de rendre l'âme, il appela son fils pour lui confier le secret de ses trésors.

— Bienheureux, lui dit-il d'une voix agonisante, bienheureux les pères qui s'en vont à Dieu après une vie pleine de jours et d'économie. J'ai semé, tu n'as qu'à recueillir; j'ai amassé, et tu peux prodiguer; mais si tu es sage, tu vivras comme j'ai vécu, dans la crainte du prochain qui pourrait te dépouiller, et dans l'amour du trafic qui doublera le bien que je te laisse.

A ces mots, le vieillard s'en alla de ce monde. Rachmin ferma ses paupières, en pleurant d'un œil, et courut à la cave secrète, pour compter les richesses dont il devenait possesseur.

Il trouva dans des coffres d'ébène une quantité d'écrins et de colliers; des monceaux de perles fines, des pierreries de toute nuance, et de l'or monnayé de tous les pays.

—Dieu d'Abraham et de Jacob, s'écria-t-il, tu as bénis tes enfants exilés sur la terre étrangère; je possède, grâce à toi et à la mort de mon père, assez d'opulence pour rebâtir le temple de Jérusalem, si jamais la Providence nous ramène au pays de nos aïeux.

Lorsque son père fut enterré, Rachmin l'oublia sans s'en apercevoir. La richesse l'avait énivré tout-à-coup. Lassé de la vie austère qui avait décoloré sa jeunesse, il chercha des compagnons de plaisirs, et en réunit bientôt assez pour dépenser, sans compter, les trésors de trois royaumes.

Il passait avec eux les nuits en festins dont il payait les frais, et usait les jours à imaginer de nouvelles orgies.

Mais l'heure vint où ses folles joies se changèrent en tristesses amères; il se rappela les leçons de son père; mais il était trop tard pour se repentir. De tous ses biens, il ne lui restait que le chagrin de les avoir gaspillés sans fruit. Il vendit, à vil prix, les marchandises de son père, dont il ignorait la valeur. Chacun s'attachait à le tromper. Sa légèreté l'avait rendu le jouet et la dupe de tout le monde. Quand il eut besoin de recourir à ceux qui avaient aidé sa ruine, il trouva leur bourse fermée et leurs portes closes. Instruits par le châtiment de sa prodigalité, ses amis de plaisirs étaient devenus avares en un seul jour.

Les marchands, qui avaient acheté les débris de sa fortune croulée, lui prêtèrent quelques sommes d'argent dans la pensée que toutes ses ressources n'étaient pas à bout. Ils espéraient tirer de lui de gros intérêts pour leurs avances. Dès qu'ils virent leur attente trompée, ils le citèrent devant le kadi qui ordonna la vente de ses meubles et de ses riches vêtements, pour en partager le prix entre ses avides créanciers.

Ainsi, Rachmin fut chassé du foyer paternel par ceux-là même qu'il y avait tant de fois accueillis et fêtés. C'est partout, et de tous temps, l'histoire de la vie.

— Mais ce n'est pas l'histoire du crapaud, interrompit Paul Fabert, médiocrement touché de cette réflexion d'une maussade philosophie.

Le capitaine ne prit point garde à cette nouvelle sortie de son interrupteur. Il tenait le fil de son logogriphe, et ne s'avisa plus de le lâcher pour discuter.

— Accablé de remords, poursuivit-il avec un soupir, délaissé de tous ceux qui l'avaient fasciné par leurs faux semblants d'amitié, ne sachant plus à qui demander secours et appui, le pauvre Rachmin s'enveloppa des haillons qu'une pitié moqueuse lui avait laissés, et alla s'asseoir sur un banc de pierre, à la porte d'un jeune riche qui avait, dans Tlemcen, la réputation de jeter son bien aux quatre vents du ciel, comme Rachmin avait fait.

Le beau Schedli (c'était le nom de l'autre prodigue), sortit de sa maison vers le milieu du jour, accompagné de musiciens et de filles du Mézouar, trompeuses houris d'un paradis d'où l'on ne sort pas toujours sans cuisants regrets. Voyant à sa porte un mendiant dont la figure encore fleurie n'annonçait pas qu'il fût depuis longtemps réduit à ce métier, Schedli s'arrêta, et lui demanda ce qu'il avait.

— Hélas! répondit Rachmin, je n'ai rien, plus rien, et c'est là ce qui cause mon désespoir. J'ai dépensé mon bien, comme vous faites du vôtre, en danses, en galas et en folies de toute espèce. Il ne me reste aujourd'hui que les yeux, pour pleurer la trahison de mes faux amis.

A ces mots, quelques-uns des compagnons de Schedli, reconnaissant Rachmin, voulurent le maltraiter; mais Schedli prit sa défense, leur reprocha la dureté de leur cœur, et demanda à Rachmin si, à la place de ses amis, il se serait dévoué à la fortune d'un homme tombé sous une mauvaise étoile.

— Je le jure par le Dieu vivant! s'écria Rachmin. Je n'ai jamais su ce que c'était que de trahir l'amitié, et je me serais encore senti tout prêt à faire du bien à ceux même qui m'ont si lâchement abandonné.

— Ton caractère me séduit, car il est rare et précieux, reprit Schedli; j'en veux tenter l'épreuve, et dès ce moment, je t'admets au rang de mes amis, comme si nous étions des compagnons d'enfance. Entre dans ma maison, et ordonne à mes esclaves de te donner, de ma part, les meilleurs vêtements qui se trouvent dans mes coffres de bois de sandal. Tu vivras auprès de moi jour et nuit; et je ne mets à mes bienfaits qu'une seule condition, c'est que tu ne révèleras jamais à qui que ce soit, rien de ce qui se passe, rien de ce que tu verras ou entendras dans ma maison.

— Ton offre part d'un cœur généreux, dit Rachmin, mais je suis trop fier pour vivre aux dépens d'autrui sans me rendre utile. Si tu veux donc que je puisse accepter tes bienfaits sans rougir, fais-les moi payer par quelque service.

— Je ne te demande que d'être franc et dévoué; répliqua Schedli. Le reste viendra plus tard, si ton caractère est tel que tu le prétends et que je le désire, c'est moi qui te serai encore redevable.

Les amis de Schedli, qu'on appelait *le riche* dans Tlemcen, s'empressèrent d'élever la voix pour protester qu'il n'avait jamais eu de plus fidèles compagnons qu'eux-mêmes, et lui représenter la bizarre folie qu'il commettait en recevant un mendiant dans son intimité.

Mais Schedli leur répondit :

— Croyez-vous donc m'abuser par des phrases cauteleuses? et ne sais-je pas que vous tenez moins à ma personne qu'à la jouissance de mes richesses? Je vous ai tous éprouvés, à votre insu, et je vous ai trouvés faux et ingrats, sans exception, malgré vos belles paroles. Permettez donc que je me fie davantage à un homme qui, réduit à l'indigence, refusait d'accepter gratuitement mon appui; je me sens même aujourd'hui disposé à réunir sur lui toutes mes affections, et vous m'obligerez de rester chez vous.

Après ce congé signifié sans façon, Schedli prit sous le bras son nouvel ami, et le fit entrer dans sa maison dont il ferma la porte soigneusement.

Rachmin, à l'aspect des appartements luxueux qu'il traversait, sentit le regret de sa fortune perdue devenir plus poignant; quelques larmes lui échappèrent, et sa poitrine était gonflée de soupirs.

— Qu'as-tu donc? lui dit Schedli. N'es-tu pas l'ami que j'ai choisi, et ne dois-tu pas jouir de ce qui t'entoure, comme de ton propre bien?

Rachmin se jeta à ses pieds :

— Ce titre d'ami d'un homme si riche, ne peut convenir à celui qui se voit à jamais ruiné. Tu m'as tiré de l'extrême misère, mais un seul mot de ta bouche pourrait m'y replonger. Je ne suis donc, et ne puis être devant toi, qu'un serviteur dévoué. Commande-moi ce que je dois faire pour gagner le pain de l'hospitalité.

— Je te l'ai dit, reprit Schedli. Sois discret, et ne révèle à personne les mystères de cette maison.

— Je serai muet comme la tombe, et prudent comme le serpent, dit Rachmin. Mais je ne comprends pas en quoi ma discrétion peut t'être si utile. Il te suffisait de me laisser à ta porte, sur le banc de pierre, en me jetant une aumône. Daigne, ô Schedli, commander quelque chose à ton serviteur, afin que tes esclaves ne le regardent pas comme une bouche inutile.

Schedli ne répondit point; mais sur un signe de sa main, les esclaves conduisirent l'heureux Rachmin dans la salle de bain; et après l'avoir massé et parfumé, le revêtirent de splendides vêtements.

Quand il reparut devant Schedli en si confortable équipage, celui-ci courut au-devant de son nouvel ami, et le serra dans ses bras, en s'écriant :

— Tu n'étais pas créé pour l'indigence; sois à jamais l'ami de mon cœur.

Tous deux passèrent alors dans un autre appartement, pour s'asseoir autour d'une magnifique collation. Rachmin s'étonna de voir un musulman boire à longs traits des vins d'Europe et des liqueurs de toute espèce. Mais son rôle commençait. Peut-être, se dit-il, est-ce une épreuve que mon ami me fait subir. Il se tut, mangea et but comme quatre, et se coucha mollement sur le sopha pour écouter la musique du harem, et se rassasier des danses voluptueuses des almées.

— L'amour, dit Schedli, fait le charme de la vie; la présence des femmes est le plus brillant flambeau qui réjouit nos festins, comme le vin est le plus riche don du Créateur.

— Je crois plutôt, répondit Rachmin, que les femmes sont des piéges tendus à l'homme par le démon. J'ai dépensé mes trésors à fêter mes amis d'autrefois, mais je m'étais préservé des amorces perfides de l'amour; et voilà que maintenant je sens le poison prêt à se glisser dans mon cœur.

— Eh quoi! reprit Schedli en souriant, serait-il vrai que Rachmin-ben-Yakoub a été jusqu'ici insensible aux séductions de la beauté? Béni soit Allah, qui me permet d'apprendre à mon ami un bonheur qu'il ignore. Mais ces danseuses n'ont que des attraits vulgaires; viens avec moi, je vais te montrer des créatures qui rivaliseraient de charmes avec les houris dont le Prophète peuple son paradis.

— Oh non! ne me les montre pas, s'écria Rachmin. Laisse-moi un dernier souvenir de vertu pour expier les folies de ma jeunesse!

Bien des jours s'écoulèrent ainsi dans la maison de Schedli. Rachmin vivait, insoucieux, sous les bosquets d'orangers qui fleurissaient dans les jardins de son ami. Chaque heure effaçait peu à peu de son cœur les regrets du passé.

Un matin, Schedli vint à lui, le visage sombre, et le regard attristé.

— Quel chagrin, dit Rachmin, a donc pu troubler la sérénité de ta vie? J'ai partagé tes plaisirs et l'abondance qui régnait autour de toi. Je suis prêt à porter ma part des malheurs qui pourraient te menacer.

— Rachmin, ne sommes-nous pas dans la pleine lune ?

— Et quelle influence les phases de la lune peuvent-elles exercer sur l'âme de Schedli ?

— C'est un mystère que tu connaîtras bientôt. Mais je m'effraye à l'idée de t'en faire le confident. L'amitié des hommes est fragile, et j'ai peur de te voir faiblir devant l'épreuve à laquelle il faut que la tienne se soumette.

— Schedli, pourquoi douter de moi ? je puis retomber dans le malheur, je sens que j'aurais la force de tout souffrir, plutôt que de trahir la foi jurée. Dispose de mon dévoûment et de ma vie.

— A ce soir donc, reprit Schedli, d'une voix tremblante, à la première lueur des étoiles. Je jugerai de la vérité de tes paroles.

Au sortir du bain, les deux amis se retrouvèrent dans un petit salon, au milieu duquel un jet d'eau de senteur s'élevait d'une conque d'albâtre.

— Ami, pourrais-tu, dit Schedli, prendre pour m'obliger, l'image de la laideur, et la garder pendant quelques heures?

— Comment ferais-je? s'écria Rachmin.

Schedli tira d'une armoire un vase rempli de couleur noire, s'approcha du jet d'eau pour en recueillir quelques gouttes, et présenta un pinceau à son ami, en ajoutant : — Il faudra déguiser tes traits sous une couche de cette couleur; j'ai besoin de toi pour faire, cette nuit, le personnage d'un esclave noir.

— Fais-moi donc aussi donner les habits d'un esclave, reprit Rachmin. Celui que tu appelles ton ami n'est-il pas à jamais ton plus fidèle serviteur?

— L'habit est prêt. Mais ce n'est ni l'heure, ni le lieu de te déguiser ainsi. Mes esclaves te verraient, et leur surprise aurait bientôt franchi le seuil de cette maison. Ce soir Schedli te confiera le service qu'il attend de ton amitié.

Une table splendide fut aussitôt dressée; mais Schedli ne mangeait point; son visage, à mesure que les heures avançaient, devenait plus soucieux. La musique ni les danses ne pouvaient le distraire de sa mystérieuse préoccupation.

Rachmin partageait sa tristesse, sans oser l'interroger davantage.

La nuit vint.

Schedli commanda aux esclaves de le laisser seul.

Ensuite il prit une lampe et conduisit Rachmin à travers une filière d'appartements qui lui étaient inconnus. Le juif était ébloui des magnificences qui brillaient à ses regards.

Ils arrivèrent dans un caveau voûté ; le pavé était de marbre blanc et noir ; les murailles étaient revêtues de porcelaine. A la clef de voûte pendait une lampe de fer.

Schedli alluma cette lampe, et éteignit la sienne.

Dans un coin de ce caveau qui n'avait pas d'ornements, il y avait un habit d'esclave jeté sur les dalles.

— Prends cet habit, dit Schedli.

Quand Rachmin eut opéré son travestissement, Schedli tira de sa robe le petit vase plein de couleur noire et lui dit :

— Maintenant couvre ton visage et tes mains de cette peinture, afin que tu ressembles entièrement à un esclave nègre.

Rachmin obéit encore.

— C'est bien, reprit Schedli; sois fidèle, à cette heure, au rôle que tu m'as promis de remplir. Obéis-moi, comme un muet.

Rachmin s'inclina, et fit le geste d'un homme prêt à tout faire.

— Prends cet anneau de bronze, continua Schedli; et soulève la dalle de marbre à laquelle il est fixé.

Le juif leva la dalle de marbre, mais il faillit aussitôt la laisser retomber, et recula en poussant un grand cri.

— Tu m'avais promis d'être muet! dit Schedli, en fixant sur Rachmin un regard sévère.

La dalle recouvrait une espèce de long cercueil dans lequel gisait une femme d'une merveilleuse beauté. Malgré son immobilité, ses traits conservaient les couleurs de la vie. Une couche de terre étendue sur tout son corps, ne laissait à découvert que le visage.

Rachmin restait debout, l'œil hagard, les mains crispées, devant cette bizarre apparition. On eut dit que la surprise et la terreur venaient de le pétrifier.

— Esclave, cria Schedli d'une voix tonnante, qui fit trembler l'écho du caveau funèbre, — Esclave, fais ton devoir ! Ecarte la terre qui pèse sur cette femme, et retire la du tombeau.

Rachmin se fit répéter trois fois cette injonction, avant de trouver la force d'obéir. Il ne pouvait détacher ses regards de cette belle créature qui semblait reposer entre la vie et la mort. Puis, enfin, il se mit à l'œuvre.

A chaque poignée de terre qu'il ôtait de ses mains, il découvrait avec ravissement des formes idéales dont la pureté se voilait à peine sous un linceul de gaze argentée.

Quand il eut achevé sa hideuse opération, Schedli lui présenta un flacon plein d'une liqueur bleue, lui ordonna d'en verser sept gouttes sur les lèvres de la morte, et sortit du caveau.

Rachmin prit le flacon, et répandit les sept gouttes de l'élixir....

A la troisième, elle ouvrit les yeux.....

A la cinquième, elle se souleva lentement dans sa tombe....

A la septième, elle recouvra la parole, et s'écria, en repoussant Rachmin avec horreur : — O Allah ! délivre-moi de cette affreuse vision !

Il est vrai de dire que le pauvre juif était singulièrement laid avec sa figure et ses mains noires, avec son habit d'esclave, et dans la posture d'adorateur stupéfait qu'il avait prise en face de la belle ressuscitée.

La voix de Schedli, lugubre comme un son de cloche, vint le tirer de son extase.

— Dolorès, êtes-vous plus disposée à vous soumettre à mes désirs ? ou faut-il encore que j'aie recours à l'effet des enchantements pour combattre votre folle obstination ? vous savez que si le dieu des chrétiens prête à votre résistance une force inconnue qui m'empêche de vous approcher, je connais des secrets magiques dont le pouvoir, tôt ou tard, vous fera crier grâce devant mes rigueurs.

— Misérable, répondit la jeune femme, avec un accent plaintif et doux ; je brave tes sortilèges ; le dieu des chrétiens sait faire des miracles pour protéger ceux qui lui sont fidèles, et j'ai mis en lui mon espoir ! Tu as refusé les trésors que ma famille t'avait offerts pour ma liberté : mais quels que soient tes infâmes desseins, ton prophète Mahomet lui-même ne souffrira pas que, vivante, je succombe : —

que, morte, je reste en ta puissance. Je te méprise et je te brave.

— Esclave, cria la voix de Schedli, frappe au visage cette rebelle créature qui ose insulter son maître!...

Rachmin frissonna de tous ses membres en recevant cet ordre barbare, et comme Schedli ne se montrait pas dans le caveau, il s'agenouilla devant la belle Dolorès et imita, en frappant ses mains l'une contre l'autre, le bruit des coups dont il ne pouvait se résoudre à flétrir tant de beauté.

— Infâme, s'écria Dolorès, les plus vils esclaves sont plus grands à mes yeux que ton odieuse puissance. Fais-moi mourir dans les tortures; je préfère la mort à l'aversion que m'inspire ta présence.

— Meurs donc! s'écria Schedli en s'élançant dans le caveau; meurs, et que le dieu des chrétiens, s'il est partout, s'il voit tout, te voie rentrer dans la tombe d'où je t'avais fait tirer !

A l'aspect de Schedli, la belle fille des Espagnes perdit de nouveau le sentiment et la vie extérieure.

Un bruit semblable à l'eau qui bouillonne dans un gouffre fit trembler la voûte du caveau.

Une figure de nain perça la terre, prit dans ses bras le corps de Dolorès et le remit dans le cercueil. La dalle à l'anneau de bronze glissa d'elle-même à sa place.

Tout rentra dans le silence; — Rachmin crut sortir d'un songe.

— Suis-moi, dit Schedli.

Tous deux reprirent alors, sans mot dire, le chemin qu'ils avaient déjà parcouru. Arrivés dans le salon, au milieu duquel s'élevait le jet d'eau parfumée, Rachmin quitta son déguisement d'esclave, lava ses mains et son visage, et reprit ses habits.

Les pensées les plus contraires se livraient dans sa tête une lutte désordonnée. Tantôt il voulait se rendre auprès du kadi, pour lui révéler les affreux mystères de la maison de Schedli. — Un moment après, il avait honte de commettre une telle perfidie envers l'homme qui l'avait tiré de sa misère.

— Schedli, se disait-il, m'avait paru jusqu'alors un jeune seigneur généreux et prodigue, ami des plaisirs au-delà des limites qu'impose le Koran; mais je ne pouvais supposer que sa vie joyeuse pût cacher des penchants criminels et des actes d'une si révoltante cruauté. Après tout, ce n'est peut-être pas à moi qu'il appartient de juger celui de qui je n'ai reçu que du bien, qui m'a nourri de son pain, vêtu de ses habits, abrité sous son toit, et associé à toutes ses jouissances. Schedli est en commerce avec les puissances du monde enchanté ; tout ce que j'ai vu pourrait donc n'être qu'une épreuve à laquelle il soumet mes sens, ma raison, le dévouement que je lui ai juré. Prenons garde d'être la dupe d'une illusion au sortir de laquelle je serais chassé de mon bien-être actuel pour retomber encore plus bas dans l'indigence. Après tout, de quoi me servirait de vouloir appeler les regards de la justice sur une épouvantable vérité? Schedli doit avoir plus que jamais l'œil fixé sur ma conduite, mes paroles, mon attitude et mes moindres mouvements. Si quelque signe involontaire trahissait mon anxiété, n'a-t-il pas, ainsi que je viens de le voir, la puissance d'appeler à son aide les génies infernaux ? Ne peut-il, par un seul acte de sa volonté, soustraire à toutes les recherches la prison funèbre où il garde la belle Dolorès plongée dans un sommeil qui ressemble à la mort ? Personne que lui ne connaît le chemin du caveau de marbre ; il me serait impossible à moi-même d'en retrouver le chemin à travers le labyrinthe d'appartements et de galeries qu'il m'a fait traverser. Mon dévouement à une créature malheureuse, et qui n'est peut-être qu'une vision fantastique, ne servirait qu'à me perdre. Dieu est assez grand pour veiller sur tout ce qui se passe en ce monde; sa main peut, quand il le voudra, punir le crime et délivrer l'innocence. Ne montrons à mon ami qu'un visage calme, dérobons-lui soigneusement les inquiétudes qui dévorent ma pensée, et attendons l'avenir.

Comme il achevait cette méditation, Schedli se trouva devant lui.

— A quoi pensais-tu ? lui dit-il.

— Je songeais, reprit Rachmin, aux bontés dont mon ami ne cesse de me combler, et je priais Dieu, dans mon cœur, de lui accorder une longue suite d'heureux jours.

— Rachmin sera-t-il discret? saura-t-il garder les promesses jurées à l'amitié?

Ces paroles firent rougir le pauvre juif; il hésita un moment.

— Rachmin a fait depuis une heure de singulières réflexions.

— Si tu peux lire dans mon âme, tu n'y dois voir que la résolution de te garder une foi inviolable.

— Je le souhaite, reprit Schedli avec un accent dont l'ironie presque imperceptible laissait deviner ses soupçons.

— Sois-en sûr, ajouta Rachmin, et redouble tes épreuves; mon courage et ma fidélité ne sauraient faillir.

— Je le crois. Mais n'aie jamais l'imprudence de me demander l'explication de la scène de cette nuit.

— Si mon ami avait en moi une confiance

égale à mon dévouement, il ne craindrait pas de me faire partager ses plus intimes pensées. Qui peut garder un secret, en peut bien recevoir deux.

— Il n'y a qu'un mois que je t'appelle mon ami, et tu voudrais déjà connaître tout ce qui se cache dans ma vie. Jeune homme léger et avide, prends garde de tomber dans l'abîme, en voulant fixer le soleil. Un ami sûr est un trésor pour Schedli ; mais la malédiction et la mort seraient le prompt châtiment d'un parjure.

A ces mots, Schedli quitta Rachmin, le front sombre, la voix sévère et l'œil menaçant. Le juif alla s'enfermer dans son appartement, fort irrésolu sur le parti qu'il avait à prendre. La conscience et l'intérêt se combattaient dans son cœur.

Dans un coin de la chambre, sur un pupitre éclairé par deux flambeaux, était ouvert le livre de la Bible, dont Rachmin faisait sa lecture le jour du sabbat.

Il s'approcha du pupitre, et crut voir distinctement son nom, écrit en lettres de feu, sur une page du saint livre.

Ce prodige le remplit d'une frayeur nouvelle. Ses genoux fléchirent, et son regard ne pouvait se détacher de la page mystérieuse.

Voici ce qui était écrit :

« Rachmin ! Rachmin ! Rachmin ! il y a beaucoup de bien dans le monde que Dieu a créé, mais il y a encore plus de mal. Le bien est un don de Jéhovah. Le mal est l'ouvrage de ses créatures. Parce que le premier homme a péché sous les ombrages de l'Eden, ses descendants marchent aujourd'hui dans les ténèbres de l'ignorance ; ils ont été livrés aux tentations des génies de l'enfer, et les puissances magiques triomphent souvent de la sagesse des orgueilleux qui se croient sans péché. Rachmin habite la maison d'un serviteur des pouvoirs de l'abîme, auquel il a juré fidélité, sans le connaître. Son âme facile et son cœur ami des faux plaisirs, se sont laissés prendre aux pièges de la bonne chère, du luxe et de la volupté. Il a promis de garder le secret des mystères d'iniquités qui se dévoileraient devant lui, et il s'est ainsi rendu le complice de l'esclave du mal. S'il n'a point la force de secouer le joug d'un serment impie, la malédiction des saints descendra sur sa tête. Mais si l'amour de la vertu n'est pas éteint en lui, qu'il prenne le saint livre dicté sur le Sinaï, et qu'il le cache dans son sein. Par la vertu divine communiquée à cette page, il pourra réveiller dans sa tombe la captive chrétienne... »

Rachmin ne put continuer : les caractères bibliques s'effacèrent comme un brouillard.

Cependant, il sentit qu'une flamme intérieure éclairait son esprit, et ranimait ses sens. Il se leva, cacha le livre dans son sein, prit un des flambeaux, et se dirigea vers la porte qui s'ouvrit d'elle-même.

Toutes les autres portes s'ouvrirent à leur tour, à mesure qu'il avançait, et il reconnut tous les appartements qu'il avait déjà traversés.

Il arriva sans obstacle, et au milieu d'un silence solennel, jusqu'au caveau de marbre.

Il toucha l'anneau de bronze. La dalle glissa d'elle-même, — le cercueil de la chrétienne parut à découvert.

Il toucha du saint livre le front de Dolorès.

Elle s'éveilla en jetant un grand cri.

— Ayez confiance, madame, lui dit Rachmin. Le dieu de Moïse qui est aussi le dieu des chrétiens, m'envoie pour vous consoler et vous délivrer, si sa volonté daigne me choisir, moi, misérable humain, pour l'instrument de sa justice et de votre salut.

— Je ne puis vous croire, répondit la belle Dolorès, avec un mouvement d'effroi. Je ne vous ai jamais vu, et personne sur la terre ne connaît le chemin du sépulcre où les sortilèges de Schedli m'ont enterrée vivante. Vous ne pouvez être que l'infâme Schedli lui-même, qui par l'artifice des enchantements, a pris une forme étrangère pour m'abuser ; mais vos ruses n'auront pas plus d'empire sur moi que la violence ; mon Dieu ne permettra pas que vos criminels projets s'accomplissent.

Rachmin se prosterna devant la chrétienne qui lui parut un ange exilé des cieux.

« — O la plus belle des filles de la terre, lui dit-il, je ne suis ni Schedli, ni son esclave. Je suis un humble serviteur du Dieu d'Israël. Nous ne l'adorons pas de la même manière, mais nous devons avoir une égale foi en sa protection. Une mystérieuse écriture que j'ai lue, tout-à-l'heure, dans le livre de la Loi, m'a révélé le pouvoir de vous éveiller de votre sommeil, et ordonné de me vouer à l'œuvre de votre délivrance. C'est moi que Schedli, votre bourreau, avait conduit ici, cette nuit même ; c'est moi que vous avez vu sous le déguisement d'un esclave noir. C'est à moi qu'il commandait de vous frapper au visage, et c'est moi qui me suis agenouillé devant vous, pour admirer la plus parfaite beauté qui soit sortie des mains du Créateur.

« — Eh bien! reprit Dolorès, si tu n'es ni Schedli, ni son complice, ni son esclave, donne-m'en la preuve. Sors à l'instant de cette maison maudite, et va trouver le magistrat de la ville; déclare-lui ma captivité et les odieux traitements que je subis. Les Musulmans eux-mêmes auraient horreur du sort auquel je suis abandonnée. S'il y a parmi eux un seul homme juste et puissant, il me délivrera.

— Mais avant, permettez, s'écria Rachmin, que je vous délivre de l'affreuse captivité de ce tombeau.

— Je n'en sortirai pas avant que le kadi de Tlemcen ne soit venu lui-même m'en affranchir. Je sens, qu'ici, une force surnaturelle me retient au pouvoir de Schedli. Tu es donc Schedli en personne, si tu peux me faire sortir du caveau. Retire-toi, tu n'es qu'un imposteur!...

— Eh bien, répliqua Rachmin, avec exaltation, de ce pas je vais trouver le kadi. Vous connaîtrez bientôt la vérité de mes paroles, et la sincérité de ma démarche...

Le juif se releva; — il allait s'élancer hors du caveau...

Schedli se montra sur le seuil.

A son aspect la chrétienne retomba dans son assoupissement. Rachmin faillit s'évanouir de frayeur. Il se couvrit le visage de ses mains, et attendit la vengeance de l'ami qu'il venait de trahïr.

Mais quelle fut sa surprise, en voyant Schedli se jeter à ses pieds !

Il se souvint alors de la protection invisible dont le couvrait le saint livre caché sur sa poitrine, et il reprit toute son assurance.

— Pardonne-moi, ô Rachmin, murmura Schedli en sanglotant. Je suis un malheureux que le ciel a maudit, et qui ne sait commettre que des crimes !

— Si tu veux que je te pardonne, dit le fils de Ben-Yacoub, expie tes forfaits passés en rendant la vie et la liberté à cette belle chrétienne. Car tant qu'elle restera soumise à tes indignes projets, je serai ton ennemi, et j'appellerai sur toi les foudres divines.

— O Rachmin, aie pitié des excès auxquels un fol amour m'a entraîné! Si Dolorès connaissait la passion que je ressens pour elle, si elle avait voulu condescendre à mes vœux...

— N'écoute point cet homme, dit la jeune fille, réveillée par la présence du saint livre dont Rachmin s'était armé comme d'un bouclier contre les piéges du magicien; — n'écoute point les fausses protestations de mon tyran.

Schedli se releva, et découvrant sa poitrine : — Frappe, dit-il à Rachmin, termine par le trépas les remords qui me consument; je ne puis renoncer à la possession de Dolorès; je l'aime comme les damnés aiment Dieu! avec désespoir? Tue-moi, pour qu'elle soit libre!

— Il ne m'est pas permis de disposer de tes jours. Mais je te livrerai à la justice du kadi, afin qu'il te juge selon les rigueurs de la loi, comme un suppôt des puissances de l'enfer.

— Homme généreux, reprit Dolorès, confie-moi en ton absence le livre sacré de Moïse, afin que je m'en fasse une égide jusqu'à ton retour, contre les nouvelles entreprises du magicien. C'est un inviolable talisman, contre lequel sa fureur trompée se brisera.

Rachmin se rendit aux désirs de la belle chrétienne, et déposa ce livre dans ses mains. Puis il sortit du caveau.

Schedli resta plongé dans un abattement stupide.

Au milieu de cette nuit terrible, le juif alla frapper à la porte du kadi. Ce vigilant magistrat se leva aussitôt, et se rendit avec une garde nombreuse à la maison de Schedli, qu'il fit entourer de soldats.

Schedli, sommé d'ouvrir, parut, une lampe à la main.

— Conduis-nous, dit le kadi, au caveau de marbre.

— Je ne sais ce que vous demandez, répondit le magicien. Je suis un honnête habitant de Tlemcen ; je paie le tribut au roi plus exactement que personne ; tous les pauvres de la ville bénissent ma générosité. J'orne de riches présents les tombeaux des saints marabouts ; je ne manque jamais aux prières publiques de la mosquée. Que puis-je avoir à démêler avec la justice ?

— Conduis-nous au caveau de marbre, répéta le kadi.

— Je ne connais point le lieu dont vous me parlez.

— Si tu ajoutes un seul mot, je te fais appliquer sur-le-champ cinq cents coups de bâton.

— Ayez pitié de moi ! s'écria Schedli. Je suis un fidèle croyant...

Le kadi le fit aussitôt garrotter, le plaça entre deux soldats le cimeterre au poing, et pénétra dans la maison pour y faire une perquisition rigoureuse.

Rachmin marchait devant le kadi, et reconnut aisément le chemin du caveau de marbre.

Avant d'y entrer, Schedli dit au juif : — Vous savez que la chrétienne est ensevelie dans un linceul transparent. Obtenez du kadi qu'il nous permette d'entrer seuls dans le caveau, et de la revêtir d'un burnous, pour qu'elle paraisse devant le magistrat sous un costume qui n'effraie point sa pudeur. Je la supplierai d'intercéder pour moi, afin que mon crime soit pardonné.

L'imprudent Rachmin crut au repentir de Schedli, et le kadi se laissa prendre à ses supplications. Il s'arrêta avec les gardes dans la galerie. Rachmin et Schedli pénétrèrent seuls dans le caveau.

A peine y étaient-ils, que le magicien poussa violemment la porte qu'un ressort caché ne permettait d'ouvrir qu'à celui qui en avait le secret; il se jeta sur le juif, le terrassa, lui cracha au visage, et disparut comme si la muraille s'était fendue pour lui donner passage.

Rachmin éperdu, et demi mort d'effroi, resta quelques instants à terre, sans connaissance. Quand il revint à lui, la belle chrétienne avait aussi disparu, et l'anneau de bronze n'était plus attaché à la dalle de marbre.

Cependant le kadi impatient, l'ayant appelé trois fois, sans recevoir de réponse, fit enfoncer la porte par ses gardes.

— Malheureux, s'écria-t-il, tu as brisé tes liens; qu'as-tu fait du juif et de la chrétienne?....

Rachmin voulut parler....

Horreur ! Il s'aperçut que sa voix était celle de Schedli !...

Les soldats se jetèrent sur lui et le lièrent étroitement. Les paroles du kadi lui firent comprendre que le magicien en fuyant lui avait donné sa ressemblance pour se venger. Il regarda ses vêtements, et reconnut qu'ils étaient, en un clin-d'œil, devenus pareils à ceux de Schedli.

Vainement il se traîna aux pieds du kadi, protestant qu'il était bien le pauvre juif Rachmin-ben-Yakoub, et qu'un épouvantable sortilège avait pu seul lui prêter les traits du coupable Schedli ; le magistrat musulman n'en voulut rien croire, et les soldats se moquèrent de lui, l'accablant de mauvais traitements.

On le jeta dans les prisons de la ville, après lui avoir administré cinq cents coups de bâton.

Trois jours après, il fut amené, en audience

publique, devant le tribunal du kadi. Il fut condamné à être brûlé vif, comme meurtrier d'un homme et d'une femme.

Le bûcher fut dressé devant la mosquée, et tout le peuple accourut pour assister au supplice du faux Schedli.

La prison était assiégée par une foule sauvage qui réclamait à grands cris le criminel, et voulait le mettre en pièces. On fut obligé de doubler les gardes qui devaient l'accompagner au lieu de l'exécution.

Quand il sortit de son cachot, un immense cri de malédiction s'éleva contre lui. Les hommes l'accablèrent d'injures; — les femmes lui jetaient des pierres et de la boue....

En face du bûcher, il vit le roi de Tlemcen, assis sur une estrade, entouré de ses officiers, et du kadi.

— Misérable musulman, dit le roi au faux

Schedli ; tu as juré sur le salut de ton âme, au tribunal du kadi, et devant tout ce peuple, que tu n'étais pas le meurtrier du juif et de la chrétienne. Si tu as dit la vérité, révèle-moi le lieu où par d'infâmes enchantements tu as caché tes deux victimes. Je ferai de la belle chrétienne la perle de mon sérail, et je changerai ton supplice en une prison perpétuelle.

— Hélas! s'écria en pleurant l'infortuné Rachmin, j'ai dit la vérité. Ce sont les sortilèges de Schedli qui m'ont réduit au triste sort que je vais subir. Mais je ne sais ce qu'il a fait de la chrétienne.

A ces mots, le roi de Tlemcen fit un signe ; les bourreaux se saisirent du condamné, et l'attachèrent, par des chaînes de fer, à un poteau autour duquel était formé le bûcher.

— Confesse ton crime, lui cria le kadi.

— Dieu d'Abraham, d'Isaac et de Jacob, s'écria Rachmin avec désespoir, pardonnez-moi les fautes de ma vie, et recevez mon âme dans votre sein!....

La flamme et la fumée l'enveloppèrent bientôt. En ce moment, la place, le roi, le kadi, les bourreaux, la foule du peuple, tout s'évanouit à ses regards. Rachmin se trouva au milieu du bûcher presque éteint, sous la forme d'un crapaud.

Il se traîna parmi les cendres brûlantes, et se cacha dans un trou, sous les pierres d'une mâsure.

. . . .

En ce moment, un roulement de tambours couvrit la voix du capitaine Guilmot.

C'était le *réveil* qui se battait sur toutes les lignes du camp.

Un air frais et pur montait de la mer encore ensevelie sous des voiles sombres qui s'éloignaient lentement devant l'aurore. Une barre d'or se formait dans l'orient, et les senteurs de la terre s'exhalaient des plantes diamantées par la rosée des nuits.

— Votre histoire, dit Paul Fabert à son compagnon, promettait de devenir assez intéressante. Mais comme dans les *Mille et une Nuits*, l'aube du jour l'a coupée au meilleur moment. Nous allons nous battre aujourd'hui, s'il plaît à Dieu; ce soir, ma chère Schéhérazad, sous la tente de Souk-el-Etnin, nous reprendrons votre récit....

— Peut-être, répondit en souriant le capitaine.

Et les deux amis gagnèrent au galop la tête de la colonne qui tournait déjà les rochers de Statire, pour redescendre au bord de l'Oued-Nessa.

FIN DU PREMIER VOLUME.

TABLE

DU PREMIER VOLUME.

—

Sceaux. — Impr. de E. Dépée.

PARIS. — Imprimerie de Pommeret et Guénot. 2, rue Mignon.

LA NOUVELLE FRANCE

SOUVENIRS

DE

L'ALGÉRIE ET DU MAROC

Par M. Christian.

TOME PREMIER.

PARIS
CHEZ TOUS LES MARCHANDS DE NOUVEAUTÉS

1846

PARIS. — Imprimerie de Pommeret et Guénot, 2, rue Mignon.

HISTOIRE

DE NOS

COLONIES FRANÇAISES

DE

L'ALGÉRIE

ET DU MAROC

Par M. Christian.

TOME SECOND.

PARIS

CHEZ TOUS LES MARCHANDS DE NOUVEAUTÉS

—

1846

LA NOUVELLE FRANCE

SOUVENIRS

DE

L'ALGÉRIE ET DU MAROC

Par M. Christian.

TOME SECOND.

PARIS

CHEZ TOUS LES MARCHANDS DE NOUVEAUTÉS

1846

LA NOUVELLE FRANCE

Imprimerei de Pommeret et Guenot, rue Mignon, 2.

HISTOIRE
DE NOS
COLONIES FRANÇAISES

Imprimerie de Pommeret et Guenot, rue Mignon, 2.

LA NOUVELLE FRANCE

SOUVENIRS

DE

L'ALGÉRIE

ET DU MAROC

Par M. Christian.

TOME PREMIER.

PARIS

CHEZ TOUS LES MARCHANDS DE NOUVEAUTES

—

1846

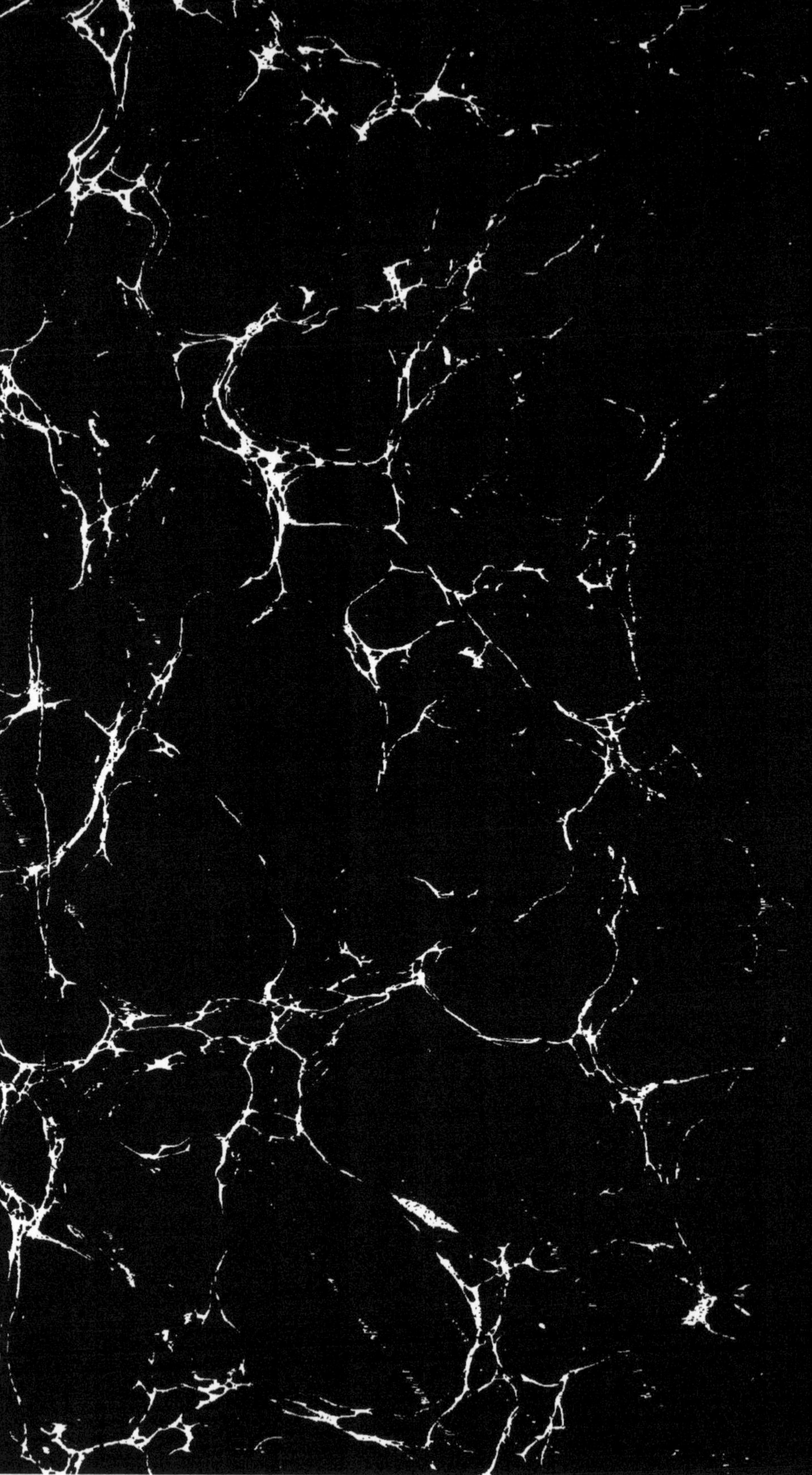

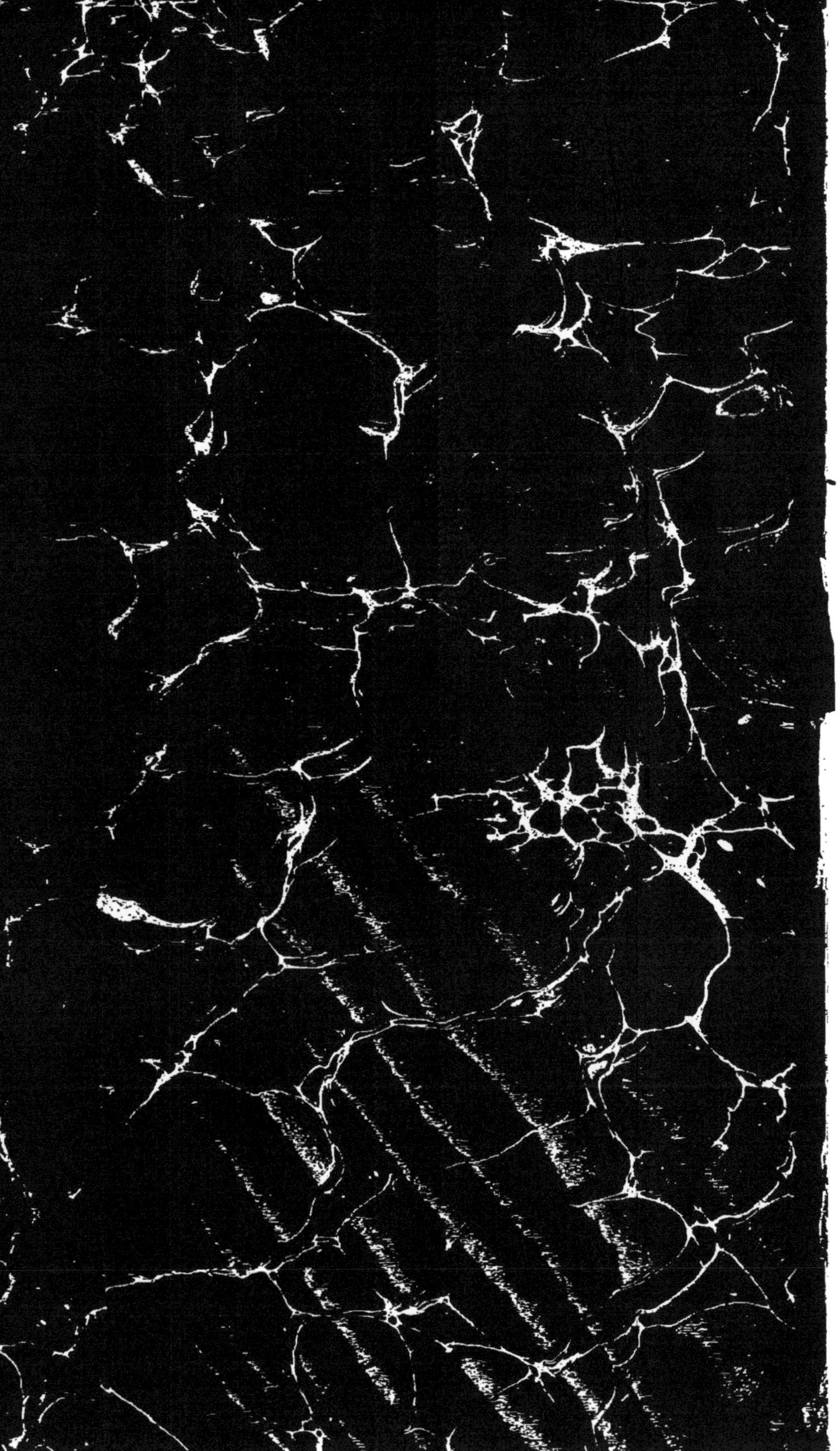

BIBLIOTHEQUE NATIONALE DE FRANCE

www.ingramcontent.com/pod-product-compliance
Ingram Content Group UK Ltd.
Pitfield, Milton Keynes, MK11 3LW, UK
UKHW020424200726
13857UKWH00002B/271